D0773369

Mark Hix

pescado
y marisco

Mark Hix

pescado
y marisco

más de 150 recetas e ideas frescas, modernas y accesibles

fotografías de Jason Lowe

BLUME

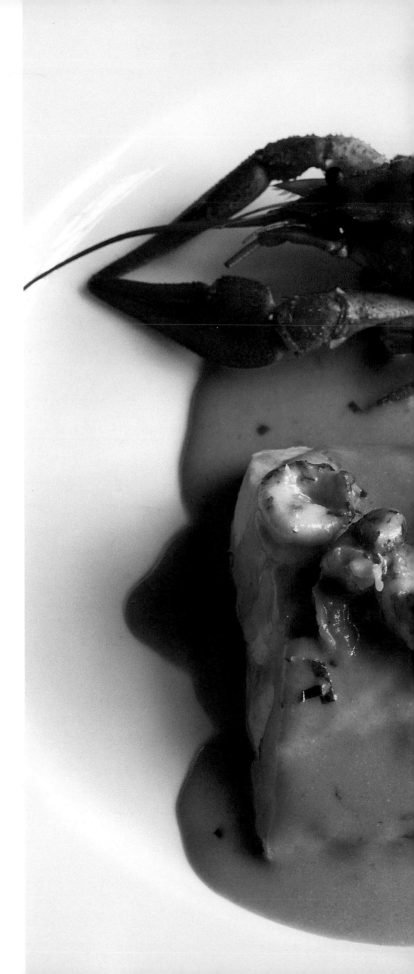

Para Ellie y Lydia, con la esperanza
de que apreciarán el pescado, si es que
todavía queda algo en el mar, y para mis
abuelos Bill y Ellen, que no vivieron para
leer mis artículos y mis libros

BLUME

Traducción:
Ana María Pérez Martínez
Especialista en temas culinarios

Coordinación de la edición en lengua española:
Cristina Rodríguez Fischer

Primera edición en lengua española 2006

© 2006 Naturart, S.A. Editado por Blume
Av. Mare de Déu de Lorda, 20
08034 Barcelona
Tel. 93 205 40 00   Fax 93 205 14 41
E-mail: info@blume.net
© 2004 Quadrille Publishing Ltd, Londres
© 2004 del texto Mark Hix
© 2004 de las fotografías Jason Lowe

I.S.B.N.: 84-8076-593-3

Impreso en China

CONSULTE EL CATÁLOGO DE PUBLICACIONES *ON-LINE*
INTERNET: HTTP://WWW.BLUME.NET

Contenido

Introducción 6

1 *pescados* rápidos 16

2 sopas de *pescado* 38

3 *pescados* ligeros 56

4 *pescados* confortantes 76

5 *pescados* saludables 104

6 *pescados* de primera 128

Índice 158

Agradecimientos 160

Introducción

Aunque en aquellos momentos no era consciente, me considero muy afortunado de haber crecido junto al mar, y no sólo por el hecho de que esas costas y playas se consideran algunas de las más pintorescas del país. Ahora me doy cuenta de que poder capturar peces del océano sin coste alguno era, y todavía lo es más en la actualidad, un verdadero privilegio.

Aunque el golf era el objeto de todas mis preocupaciones cuando contaba con once años, siempre me mostré interesado por el mar y la vida marina. Mis compañeros, así como sus padres, estaban, de alguna forma, relacionados con los peces y la pesca, y a mí me encantaba pasar el tiempo libre pescando al final del muelle. Aunque no todo era siempre tan idílico. Pasamos varias noches en una playa muy fría sin ser recompensados.

Mis recuerdos sobre las capturas de grandes abadejos y por sentirnos invadidos por cazones un día en un barco de pesca no influenciaron mi carrera posterior. Estaba mucho más interesado en la pesca que en servir los pescados en un plato. Irónicamente, y puesto que las especies más populares se pescan en los barcos factoría mediante sofisticados métodos, aquellos peces que antes capturábamos aparecen en la actualidad en las cartas de los restaurantes más de moda.

No obstante, no debe preocuparse, ya que no voy a convencerle de lo que puede y no puede comer, aunque quizás cambie su opinión acerca del sabor de algunas de las especies menos populares, especialmente cuando se preparan de forma interesante. El Marine Stewardship Council (MSC), junto con otros organismos mundiales, está promocionando el consumo responsable de las especies y aconsejando a las flotas pesqueras que se atengan a las normas para contribuir a la conservación de la población marina. Numerosos restaurantes y comerciantes de pescado son conscientes de los peligros que entraña la sobreexplotación, por lo que intentan seguir los consejos de estos organismos.

En casi todas las recetas presentadas en el libro, he sugerido otros pescados para que goce de un abanico más amplio en su cocina. Existen numerosas especies con las que preparar sabrosos platos.

Conservar el pescado

En primer lugar, es necesario saber si el pescado está realmente fresco o si ya ha pasado su mejor momento. En la actualidad, algunos comercios ofrecen unas bolsas especiales para conservar fresco el pescado durante un par de horas, ya que si se introduce durante una hora en el maletero de un automóvil, se reducirá en gran medida su período de conservación. En el caso de comprar mucho pescado, recomiendo llevar una nevera portátil y algunas bolsas o envases de hielo.

Si no va a cocinar el pescado el mismo día (le recomiendo que lo consuma al día siguiente, excepto si está recién capturado), guárdelo en la misma bolsa o en una fuente y envuelva los filetes con film de plástico. Un pescado sin tapar se seca; además, impregna la nevera con su olor. Si el pescadero ya ha cortado en filetes el pescado, no es necesario lavarlo. Sin embargo, si ha estado con hielo junto con otros pescados, es preferible colocarlo bajo el grifo para lavarlo y después secarlo con papel de cocina.

Si ha comprado una gran cantidad de pescado y no va a consumirlo todo, consérvelo en el congelador (como máximo dos meses) en una bolsa para congelar.

Preparar el pescado

Personalmente, siento predilección por servir el pescado entero, aunque soy consciente de que muchas personas muestran reticencia ante los ojos, la cabeza y las espinas. El pescado adquiere más sabor cuando se cocina con las espinas, ya que de este modo la carne se mantiene más jugosa. Su pescadero puede ayudarle a preparar el pescado, lo que le ahorrará mucho tiempo, además de carne que, de otro modo, desperdiciaría.

Corte las aletas y las colas con unas tijeras fuertes (y resérvelas para elaborar sopas o caldos). Las escamas deben retirarse raspando la piel de abajo arriba con un cuchillo de mesa viejo. Al tratarse de una tarea sucia, conviene utilizar el fregadero o bien cubrir la superficie donde se esté limpiando el pescado con papel de periódico o con una bolsa de basura. Es bastante conveniente escamar el pescado antes de cortarlo en filetes; en caso contrario, la carne se aplastaría, lo que haría que los platos perdieran atractivo.

Cortar un pescado redondo en filetes *(ilustraciones 1-2 páginas siguientes).* Los pescados grandes deben cortarse en filetes con un cuchillo de sierra (aunque no de los que se utilizan para el pan), en lugar de con un cuchillo para trinchar. De esta forma, las espinas se alcanzan con mayor facilidad y se aprovecha mucho mejor la carne. Para ello, retire la cabeza, localice la espina dorsal, sostenga el pescado firmemente con la mano menos diestra y practique un corte por encima de la espina dorsal en sentido horizontal, realizando un movimiento limpio hasta llegar a la cola. Dé la vuelta al pescado y repita el proceso. La ventresca grasa puede retirarse con el mismo cuchillo; las espinas alojadas en el centro del filete se extraen con unas pinzas.

Cortar un pescado plano en filetes *(ilustraciones 3-4 páginas siguientes).* Con un cuchillo afilado, practique un corte a lo largo de la línea dorsal. Después, realice un corte con el extremo del cuchillo y deslícelo entre la carne y las espinas hasta que se desprenda el filete. Repita la operación con el otro filete.

Para pelar los filetes, extiéndalos con el lado de la piel hacia abajo, sostenga firmemente el cuchillo afilado con una mano en el extremo de la cola donde se encuentra la piel con la carne y desplace el filete contra el cuchillo en lugar de mover el cuchillo. Esta operación será más fácil si ha pasado por sal gruesa los dedos con los que va a sostener la piel del pescado.

Preparar y cocer marisco

Nada supera a un marisco acabado de cocer en su estado más simple y natural, acompañado tan sólo de una buena mayonesa o de pan moreno y mantequilla. Con unas buenas tenacillas para mariscos, un cuenco y un vaso de vino blanco fresco, yo prefiero prepararlo personalmente, independientemente de que tenga que lidiar con un buey, un bogavante o unas cigalas. Para mayor comodidad, puede comprarlo ya preparado, aunque, por lo general, el sabor no es el mismo, a no ser que su pescadero se lo prepare.

Resulta importantísimo que el marisco crudo esté vivo (o bien congelado) en el momento de la compra. Las cigalas se ven afectadas durante el transporte, de modo que en algunas ocasiones no están vivas. Debe tener en cuenta que la carne cruda de los crustáceos una vez muerta se ve rápidamente afectada por las enzimas.

1 2
5 6

3 4

7 8

Retirar los intestinos de gambas y langostinos y abrirlos por la mitad (ilustración

5) Las cabezas de las gambas y los langostinos se extraen con facilidad; las colas, en cambio, se pelan con los dedos. En algunas ocasiones, se decide conservar las colas para conseguir una presentación más atractiva. A ciertas gambas y langostinos se les debe retirar los intestinos, ya que en su interior albergan los desechos y su sabor es, en cierto sentido, un poco terroso. Esta operación se puede realizar de distintas maneras, dependiendo de la forma en que vaya a comerlos. Puede pasar simplemente un cuchillo a lo largo del dorso de la gamba o langostino y retirar los intestinos bajo el grifo. También puede retirarlos sin extraer el caparazón ayudándose de un cuchillo de sierra; sin embargo, debe tener mucho cuidado, ya que el cuchillo puede desviarse con facilidad y causarle algún corte.

Para *abrir gambas y langostinos por la mitad (ilustración 6)* puede pelarlos o dejarles el caparazón. Prepárelos como ya se ha indicado, practicando un corte a lo largo del intestino, pero sin abrirlos completamente para poder aplanarlos en forma de «mariposa».

Cocer langostas y bogavantes Una langosta o un bogavante de 400-600 g constituye un plato

principal ideal para una persona. Se debe cocer de 8-10 minutos por cada 500 g de peso. Existe cierto debate acerca de la conveniencia de sacrificar las langostas, los bogavantes y los cangrejos de la forma más humana posible; no obstante, en el caso de las langostas y los bogavantes, yo sigo el sistema tradicional, que consiste en sumergirlos en agua hirviendo con sal (1 cucharada por litro) o en caldo suave (*véase* pág. 138). Una vez cocidos, los dejo enfriar sin extraerlos del líquido. Si los voy a consumir fríos, los prefiero a temperatura ambiente y no recién sacados del frigorífico.

En el momento de consumirlos, simplemente inserte la punta de un cuchillo pesado en la cabeza, luego haga palanca con la palma de la mano y corte la langosta por la mitad. Retire el intestino negro que se encuentra en el dorso. Rompa las pinzas con el cuchillo y permita que sus invitados disfruten del plato con la ayuda de unas tenacillas y unas pinzas para mariscos (aunque un cuchillo de hoja fina o una cucharilla son suficientes).

Cocer cigalas Tal y como ya se ha comentado con las langostas, las cigalas deben cocerse en agua hirviendo

con sal durante 3-4 minutos, excepto que su tamaño sea importante. Posteriormente, debe retirarlas del agua y dejarlas enfriar.

Cocinar y preparar un buey de mar *(ilustraciones 7-8)* De nuevo, existe cierta discusión acerca de la forma más humana de sacrificar un cangrejo. Yo prefiero sumergirlos en agua fría con sal, llevarla a ebullición rápida y cocerlos a fuego lento durante 15 minutos si pesan 500 g, 20 minutos si pesan hasta 900 g, y 25-30 minutos si superan este peso. Transcurrido este tiempo, se deben dejar enfriar en el agua. Si va a servir el buey ya preparado, calcule 100 g por persona, si se trata de un entrante, o 150 g si constituye el plato principal. El peso de la carne marrón es impredecible, por lo que quizás prefiera comprarlo ya cocido.

Para retirar la carne del caparazón, extraiga en primer lugar las patas y las pinzas; luego golpéelas para abrirlas y retire la carne blanca con una pinza para marisco o una cucharilla. Coloque el caparazón sobre la parte posterior y extraiga el peto con los dedos.

Inserte la punta de un cuchillo de mesa entre el caparazón y el lugar donde se encontraban las patas y sírvase de este instrumento para separar el cuerpo del caparazón. Después, separe el cuerpo interno del caparazón. Extraiga la carne marrón y resérvela. De la parte del cuerpo extraída, retire las agallas grises y deséchelas. Corte esta parte por la mitad sirviéndose de un cuchillo pesado y vuelva a dividirla de nuevo. Retire con cuidado la carne blanca que se oculta en las pequeñas cavidades con la ayuda de unas pinzas para marisco o de una cucharilla. Una vez haya extraído las carnes blanca y marrón, deseche cualquier resto de caparazón.

Si desea preparar una mayonesa (para 4 personas), introduzca la carne marrón de 2 cangrejos en el vaso de la batidora o el robot con el zumo de $1/_2$ limón, 1 cucharadita de salsa Worcester, una cucharadita de ketchup y 2 cucharaditas de mostaza inglesa, y accione el aparato hasta obtener una mezcla homogénea. Añada 65-75 g de pan moreno sin corteza y troceado, y ligue la salsa de nuevo; pare el aparato de vez en cuando para remover la mezcla. Viértala en un cuenco. Incorpore, sin dejar de remover, 2-3 cucharadas de mayonesa (*véase* pág. 62) y salpimente. Añada un poco más de zumo de limón, si fuera necesario, y conserve la mezcla en el frigorífico aproximadamente durante 1 hora antes de servir.

Para ***servir el buey de la forma tradicional en su caparazón***, debe retirar cualquier resto de la bolsa estomacal, así como la carne marrón; para ello, puede ayudarse de los dedos o de un tenedor. Lave cuidadosamente el interior del caparazón bajo el grifo y séquelo. Coloque la carne blanca y la carne marrón en el centro y la mayonesa de carne marrón, que habrá preparado con anterioridad, a los lados, o viceversa. Como alternativa, también puede servir una cucharada generosa de cada uno de los ingredientes en un plato junto con un trozo de limón, pan moreno y mantequilla.

Preparar mejillones Comprar mejillones constituye una cuestión de azar, ya que su tamaño interno no se hace perceptible hasta que no están cocidos. Por regla general, es preferible consumirlos en otoño e invierno, como ocurre con las ostras, ya que en esos momentos no se encuentran en período reproductivo y, por lo tanto, están en su mejor momento. Generalmente, están recubiertos por barbas y adherencias. Para retirar las barbas (con las que se adhieren a las rocas), simplemente arránquelas y, a continuación, lave los mejillones con agua fría. Si están recubiertos de lapas y adherencias, tan sólo frótelos bajo el agua, ya que una vez cocidos sólo se consume la carne. Cualquier mejillón abierto que al tacto no se cierre rápidamente debe desecharse, ya que probablemente está muerto.

Preparar almejas y berberechos Los berberechos precisan mayor limpieza que las almejas, por lo que antes de cocinarse, necesitan una preparación semejante a los mejillones. Para ello, lávelos bien bajo el grifo, y vaya moviéndolos para retirar cualquier residuo de arena que quede en las valvas. Las almejas albergan menos suciedad y se presentan en diferentes formas y tamaños. Las de menor tamaño, como la almeja fina, a veces tienen una carne más tierna y están más indicadas para cocinar que las de mayor tamaño, como el verigüeto y el almejón de sangre, con las que se obtienen mejores resultados crudas o cocidas y picadas. Al igual que con los mejillones, debe desechar aquellos ejemplares que no se cierren al tacto. Si desea degustarlos crudos o cocerlos sin las valvas, ábralos y retire su carne como si se tratara de ostras (*véase* págs. 149-153).

Preparar sepias y calamares Las sepias y los calamares precisan menos preparación de lo que puede parecer a simple vista. En primer lugar, extraiga la cabeza del cuerpo, y con ella los órganos internos; corte los tentáculos a la altura de los ojos y deseche los órganos. Arranque las alas del cuerpo con ayuda de los dedos y extraiga la piel adherida con un cuchillo. De este modo tendrá la bolsa o cuerpo. Córtela a lo largo, colóquela plana sobre la superficie de trabajo y retire la pluma, en el caso de la sepia, o el cartílago transparente en el caso del calamar. Raspe la piel externa con un cuchillo, lave bien la carne bajo el grifo y séquela con papel de cocina. Si usa las cabezas, corte y deseche los ojos y el pico. Si la sepia o el calamar son demasiado grandes, pueden trocearse para conseguir el tamaño adecuado para la receta. Asimismo, puede cortar la parte interna de la bolsa con un cuchillo muy afilado y realizar un diseño romboidal. De esta forma se cuece con mayor rapidez, al mismo tiempo que presenta un atractivo diseño.

Preparar ostras y pulpos En las páginas 149-153 se explica cómo preparar las **ostras** y en la página 60 cómo cocinar el **pulpo**.

Conservar el pescado

Existen numerosos medios de conservación del pescado que tienen su origen en la antigüedad. Los pescados que resultaban adecuados para la conservación se secaban al aire, mientras que otros se salaban.

La sal era costosa, motivo por el cual el pescado salado se consideraba un lujo. En la actualidad, en cambio, la sal es económica, por lo que puede salar el pescado en su propia casa. Para ello, cubra con abundante sal gruesa unos filetes de pescado blanco sin espinas, tales como bacalao, merluza o eglefino. No es necesario que la sal sea marina; obtendrá muy buenos resultados con cualquier sal de cocina gruesa.

El pescado salado se conservará durante varias semanas en un lugar frío si extrae con regularidad el agua que se va formando. Antes de su empleo debe ponerlo en remojo y cambiar el agua en diversas ocasiones.

Otras partes del pescado

Además de los filetes, existen otras deliciosas partes que no se compran en la pescadería. En algunas ocasiones, solemos ingerir despojos, como los callos o los pies de cerdo, algo que también es posible con ciertas partes del pescado. Los ejemplos más sencillos son las huevas de caviar y arenque, aunque también se pueden mencionar otras partes deliciosas como el hígado de rape, que se asemeja al foie gras y que puede cortarse en rodajas y saltearse. Resulta delicioso sobre una rodaja de rape y servido con un acompañamiento a base de una salsa de trufas o setas silvestres, como si se tratara del clásico tournedos.

Las cocochas de bacalao y merluza son deliciosas y se consumen en Francia, España y los países asiáticos. Las sabrosas cocochas de bacalao están disponibles frescas o saladas y son susceptibles de brasearse, saltearse o freírse con diversos ingredientes. Las cabezas de pescado también son interesantes, ya que su carne es especialmente sabrosa.

1 pescados rápidos

Huevos revueltos con salmón ahumado

Degustar un plato de huevos revueltos con salmón ahumado constituye la mejor manera de empezar el domingo. Entran muy bien, especialmente si se acompañan de una copa de vino espumoso o de un bloody Mary. Existen numerosas versiones de esta receta, de la que, recientemente, he descubierto una variante exótica.

El año pasado estuve en Irlanda unos días en la nueva casa de mi amigo Thomas. Un día, mientras pescábamos sobre las rocas, descubrimos una escuela de buceo en el puerto. Ya habíamos observado algunos restos de erizos en la playa, e inmediatamente pensamos degustarlos durante la cena. Preguntamos a los buceadores si no les importaría recoger algunos erizos, ya que sentíamos especial predilección por las huevas. Nos regalaron un saco, lo que hizo sonreír a Francis. Yo, en cambio, estaba ansioso por llegar a casa, a pesar de la preocupación de los pescadores locales, que no sabían si eran comestibles. Hice un par de llamadas, la primera de ellas a Mark Edwards, del restaurante Nobu, quien me comunicó que probablemente estaban en buen estado, y la segunda a Richard Corrigan, natural de la zona. Me aseguró que, según sus conocimientos, todas las especies irlandesas eran comestibles.

Nos los comimos para cenar. Los servimos crudos y los comimos con la ayuda de una cucharilla. Los que quedaron los servimos en el desayuno del día siguiente con unos huevos revueltos jugosos. Retiré la carne anaranjada comestible, la calenté en una sartén con un poco de crema de leche espesa, sal y pimienta y la distribuí sobre los huevos. Recuerdo que hace muchos años en el viejo Harvey´s, en Wandsworth (el primer restaurante de Marco Pierre White), disfruté de unas ostras ligeramente hervidas, regadas con una salsa de champaña y caviar. Un recuerdo delicioso y memorable.

PARA 4 RACIONES
8 huevos medianos ligeramente batidos
una nuez generosa de mantequilla
2 cucharadas de crema de leche espesa
sal y pimienta negra recién molida
100 g de lonchas de salmón ahumado picado o de recortes
1 cucharada de cebollinos picados
4 rebanadas de brioche de 1 cm de grosor

1 Vierta los huevos en una cacerola de fondo grueso junto con la mantequilla y la crema, salpimente (no sazone demasiado, ya que el pescado ya está salado) y remueva a fuego lento con una espátula hasta que los huevos estén cuajados, pero jugosos. Incorpore el salmón ahumado y los cebollinos y retire del fuego.

2 Mientras cuece los huevos, tueste las rebanadas de brioche por ambas caras y distribuya por encima los huevos revueltos.

OTROS PESCADOS ADECUADOS: anchoas, erizos, ostras, huevas saladas y prensadas

«*Sashimi*»

PARA 4 RACIONES

350 g, aproximadamente, de
   filetes de pescado muy fresco
   sin piel ni restos de espinas,
   o bien carne de marisco
   (*véase* derecha)

para acompañar
jengibre encurtido
daikon (rábano japonés gigante)
wasabi (raiforte japonés)
salsa de soja japonesa

El pescado crudo recién capturado resulta ideal para el *sashimi*, en especial, el que acaba de descargarse del barco, y que se puede trocear una vez ha cesado de colear. De niño, capturaba un buen número de caballas en el malecón del puerto. Si entonces hubiera sabido lo que ahora, habría ido a pescar con un tubo de *wasabi*, jengibre encurtido y salsa de soja. Lo cierto es que mis compañeros habrían pensado que estaba loco, y los turistas hubieran creído que se encontraban en el lugar equivocado. En la actualidad, llevo estos ingredientes, junto con un cuchillo muy afilado, cuando voy a pescar. La mayoría de pescados y mariscos pueden comerse crudos, excepto algunos pescados planos, como la platija, la solla y la raya. Aunque algunos son más deliciosos que otros, generalmente se trata de una cuestión de preferencias. La visión de un erizo de mar crudo genera repulsión en ciertas personas, mientras que para otras se convierte en pura delicia.

Hace dos años, durante un viaje a Tokyo, nuestra primera comida consistió en «gambas saltarinas». Las gambas se tomaban de un tanque, se pelaban delante de nosotros y su carne se degustaba, mientras que sus caparazones se freían y servían como segundo plato. Incluso para aquellos a los que les gustan las gambas, el simple hecho de pensar que se comían vivas era suficiente para sufrir náuseas. Para otras personas, comer, *sashimi* es tan osado como

comer caza. A mí, por ejemplo, siempre me ha gustado servir una sopa *miso* fría con angulas vivas.

El pescado crudo puede formar parte de ensaladas interesantes, junto con algas como la *hijiki*, la *wakame*, la *arame* o el hinojo marino. Algunas de estas algas se comercializan en sobres en establecimientos especializados en productos orientales. El jengibre encurtido, así como el *daikon*, son útiles para refrescar el paladar cuando se degustan diferentes pescados. La calidad del *wasabi* varía en gran medida, ya que se encuentra disponible tanto en tubos con un contenido de un color verde nada atractivo y sin sabor como fresco, listo para rallarse siempre que se disponga de pequeños ralladores. La salsa de soja japonesa difiere de otras variedades en cuanto que es más ligera, refinada y complementa mejor el pescado crudo sin ocultar su sabor.

Utilice unos 90 g de filetes sin piel por persona. Retire las espinas y lave cualquier resto de sangre. Corte los filetes de pescado con un cuchillo afilado en lonchas de unos 3 mm de grosor y unos 2,5 cm de ancho. Distribúyalos en una fuente (preferentemente de estilo oriental) formando una línea bien definida; también puede colocarlos sobre una hoja de plátano limpia. Sirva el pescado con su guarnición dispuesta en pequeños montones, además de la salsa de soja en cuencos individuales.

OTROS PESCADOS ADECUADOS: *la mayoría de pescados y mariscos, excepto la raya, la solla y la platija*

Ceviche de pescado

PARA 4 RACIONES

250-300 g de filetes de lubina o
    pescado blanco de carne firme
    sin piel, sin espinas
    y cortados en dados
el zumo de 2 limones
el zumo de 2 limas
1 cucharada de soda o agua
    mineral
sal y pimienta blanca recién
    molida

para la guarnición
¹/₂ pimiento verde sin semillas
    y finamente picado
¹/₂ cebolla roja finamente picada
1 cucharada de cilantro fresco
    picado
un chorrito de aceite de oliva
    virgen (opcional)

para servir
rebanadas de pan tostado o
    tortillas

Mis conocimientos sobre el ceviche se incrementaron durante un viaje a Costa Rica. Pedí este plato en tres comidas seguidas. Las tres recetas eran completamente diferentes. En Costa Rica, se emplea el *mahi-mahi*, la lubina y los peces de la familia de los besugos. Se debe tener en cuenta que demasiada cebolla, cítricos o cilantro pueden encubrir el sabor del pescado. En la tercera receta, los comensales podían añadir los ingredientes a voluntad. El zumo de limón y de lima se diluyeron con soda o agua para que la preparación no fuera tan ácida. Yo he basado mi receta en estas premisas. Aunque en Sudamérica el pescado para ceviche se corta generalmente en filetes, en Costa Rica se hacen dados.

1 Limpie el pescado y séquelo con papel de cocina. Rebaje los zumos de lima y limón con la soda, sazone ligeramente y mezcle el pescado con esta preparación. Tápelo con un film de plástico y déjelo enfriar durante 2 horas.

2 Prepare la guarnición. Para ello, mezcle el pimiento rojo, la cebolla y el cilantro y añada un chorrito de aceite de oliva, si lo desea.

3 Distribuya el pescado con el zumo en cuencos individuales y presente la guarnición en otro bol. Acompañe con tostadas o tortillas.

OTROS PESCADOS ADECUADOS: bacalao, fletán, besugo y otros pescados blancos

Salmón tártaro

PARA 4 RACIONES

COMO ENTRANTE

250 g de centro de lomo de
   salmón muy fresco, sin piel
   y sin espinas

2 escalonias finamente picadas

15 g de alcaparras enjuagadas y
   finamente picadas

1 cucharada de cebollino
   finamente picado

el zumo de $^1/_2$ limón

sal y pimienta blanca recién molida

pepino encurtido (*véase* pág. 67)
   para servir

El salmón tártaro constituye un entrante sencillo y fresco para una cena o incluso para un tentempié. Puede adornarse con un poco de crema agria y caviar de salmón. El pepinillo encurtido constituye una guarnición perfecta.

1 Retire y deseche la carne de color marrón del salmón, situada justo debajo de la piel. Pique muy bien la carne con un cuchillo para picar grande y pesado.

2 Mezcle el pescado con el resto de ingredientes y salpimente. Añada un poco más de zumo de limón, si fuese necesario. Sirva acompañado de pepinillo encurtido y pan de centeno.

OTROS PESCADOS ADECUADOS: caballa, trucha marina, pez espada, atún y la mayoría de pescados azules

Espaguetis con huevas de pardete

Las huevas de pardete, denominadas *bottarga* en italiano y *boutarque* en francés, se comercializan prensadas y envasadas al vacío, enteras o, en algunas ocasiones, ralladas. Tienen un sorprendente sabor salado ligeramente amargo. Aunque su precio es bastante elevado, su intenso sabor hace que se precise muy poca cantidad. Constituyen un ingrediente excepcional en la elaboración de almuerzos o cenas rápidas cuando no se dispone de nada más en la nevera. Aunque el pardete no se considera un pescado de categoría, sus huevas resultan excelentes.

1 Cueza los espaguetis en agua hirviendo con sal hasta que estén *al dente* (lea las instrucciones del paquete como guía general).

2 Mientras cuece la pasta, caliente el aceite en una sartén y sofría el ajo. Añada el vino y la mantequilla, ralle unos 15 g de huevas y salpimente. Cueza durante 1 minuto a fuego lento.

3 Escurra los espaguetis sirviéndose de un colador. Mézclelos con la salsa y rectifique la condimentación, si fuese necesario. Emplate, ralle el resto de las huevas por encima y sirva rápidamente.

PARA 4 RACIONES

325 g de espaguetis frescos o
  envasados
5 cucharadas de aceite de oliva
  virgen
2 dientes de ajo picados
2 cucharadas de vino blanco seco
85 g de mantequilla
45 g de huevas de pardete o más
  si es de su agrado
sal y pimienta negra recién molida

OTROS PESCADOS ADECUADOS: huevas de otros pescados, como el atún

Ensalada de remolacha con anchoas

Ilustrada en la página anterior

PARA 4 RACIONES

16 boquerones frescos fileteados
o filetes de anchoas
ahumadas o marinadas

500 g de remolacha fresca

para la marinada

100 ml de aceite de oliva

el zumo de $1/2$ limón

$1/2$ cucharada de vinagre de vino
blanco

2 dientes de ajo en láminas finas

sal y pimienta negra recién
molida

para el aliño

2 escalonias finamente picadas

1 cucharada de cebollinos picados

$1/2$ cucharada de vinagre de vino
blanco

3 cucharadas de aceite de oliva

Se trata de una deliciosa ensalada que se prepara con dos ingredientes aparentemente antagónicos. Aunque precisa un día para marinar las anchoas, se trata de un plato rápido y de fácil preparación. La remolacha no constituye un problema, ya que la mayoría de las personas sólo la han probado encurtida. Las anchoas están disponibles bajo distintas formas. Para este plato, yo prefiero anchoas ahumadas españolas en lata, que, a pesar de conservarse durante un breve período de tiempo, parecen recién ahumadas. Si no dispone de ellas, puede utilizar anchoas en lata en aceite de oliva, o marinar sus propios boquerones frescos. Si no puede conseguir boquerones frescos, no utilice cualquier tipo de anchoa en lata.

1 Haga dos filetes con los boquerones. Para ello, pase simplemente un dedo a lo largo del vientre y separe los filetes de las espinas; no se precisa cuchillo. También puede pedir a su pescadero que se los limpie. Lave los filetes bajo el grifo y retire las espinas visibles que queden. Seque los boquerones con papel de cocina.

2 Para preparar la marinada, mezcle todos los ingredientes. Coloque los filetes en una fuente y vierta la marinada. Tape con film de plástico y marine en el frigorífico durante 24 horas como mínimo.

3 Hierva la remolacha con la piel en agua con sal hasta que esté tierna. Pélela mientras todavía esté caliente, córtela en rodajas de 5 mm de grosor y extiéndalas en una fuente para servir.

4 Para elaborar el aliño, mezcle los ingredientes; sazone y distribuya la mezcla sobre la remolacha. Retire las anchoas de la marinada, y distribúyalas sobre la remolacha.

OTROS PESCADOS ADECUADOS: arenque, caballa, sardinas

Raya a la mantequilla negra con alcaparras

La raya llega a algunos mercados con las alas ya retiradas, y, al igual que ocurre con el rape, sólo se aprovecha una pequeña parte de su peso total. Muchas personas sienten reticencia ante la raya, ya que normalmente se sirven con espinas (de hecho, no tiene espinas, sino cartílagos). Aunque muchos pescados adquieren más sabor si se cocinan con las espinas, las de la raya son blandas y pueden retirarse con facilidad de la carne simplemente apartándolas con un tenedor. Si lo desea, pida a su pescadero que le quite la piel de la raya y haga filetes. No se sorprenda si su petición le extraña, ya que esta práctica sólo es habitual en las cocinas de algunos restaurantes.

1 Sazone las alas de raya y enharínelas ligeramente. Caliente el aceite en una sartén antiadherente de fondo grueso (quizás necesite más de una) y fría la raya entre 3-5 minutos por cada lado, hasta que esté dorada. Si sólo tiene una sartén, dore la raya rápidamente por ambos lados y termínela de cocer en el horno a 200°C durante unos 10 minutos.

2 Cuando las alas estén casi cocidas, añada a la sartén un tercio de la mantequilla y dórela. Cuando esté dorada, retire las alas y resérvelas al calor.

3 Limpie la sartén con papel de cocina y añada el resto de la mantequilla. Caliéntela hasta que empiece a formar espuma. Añada las alcaparras, el zumo de limón y el perejil, y retire del fuego.

4 Sirva la raya en platos previamente calentados y vierta el contenido de la sartén por encima. Acompañe con espinacas y un puré cremoso de patatas.

PARA 4 RACIONES
4 alas de raya, de 200-250 g
   cada una, limpias y sin piel
sal y pimienta blanca recién molida
harina para enharinar
aceite vegetal o de maíz para freír
150 g de mantequilla
65 g de alcaparras de calidad
   enjuagadas
el zumo de 1 limón
1 cucharada de perejil picado

OTROS PESCADOS ADECUADOS: lenguado, platija, solla, abadejo, pescados blancos de carne firme

Filete de abadejo con salsa de perejil

PARA 4 RACIONES

4 porciones gruesas sin piel
   ni espinas de abadejo, de
   160-175 g cada una
una nuez generosa de mantequilla

para la salsa de perejil
una nuez generosa de mantequilla
2 escalonias finamente picadas
2 cucharadas de vino blanco
150 ml de caldo de pescado
   (*véase* pág. 52) o ½ pastilla de
   caldo concentrado de pescado
   de calidad desleída en la misma
   cantidad de agua caliente
400 ml de crema de leche espesa
2 cucharadas de perejil picado
sal marina y pimienta blanca
   recién molida

Puesto que la pesca de bacalao ha ido disminuyendo con el paso de los años, en mi opinión, el abadejo constituye un pescado de calidad. Los grandes son más gustosos que los pequeños. Al igual que el bacalao, tienen una carne que se puede separar en láminas.

1 Para preparar la salsa, derrita la mantequilla en una cacerola de fondo grueso y rehogue las escalonias a fuego lento durante 1 minuto o hasta que estén tiernas. Añada el vino blanco y el caldo de pescado y mantenga por debajo del punto de ebullición hasta que reduzca. Vierta la crema de leche y el perejil y cueza a fuego lento otro minuto. Sazone.

2 Caliente el horno a 200°C. Salpimente los filetes de pescado y colóquelos en una fuente refractaria. Unte con mantequilla y hornee unos 10-15 minutos.

3 Retire los filetes del horno y póngalos a escurrir sobre papel de cocina. Sírvalos con la salsa y acompañe con espinacas cocidas al vapor.

OTROS PESCADOS ADECUADOS: bacalao, eglefino, rodaballo, abadejo negro y otros pescados blancos de carne firme

Asar al grill, a la parrilla y a la barbacoa Aunque el hecho

de asar al grill y a la barbacoa implica calor radiante indirecto, el asado a la parrilla o a la plancha supone el contacto directo con el fuego (se asemeja a una forma de freír en seco). En este apartado presento estos métodos, puesto que tanto los requisitos como los resultados son semejantes. En estas tres maneras de cocinar, se utilizan los mismos tipos de pescado.

Estos tres métodos resultan apropiados tanto para un gran número de pescados, particularmente los azules, ya que se pueden cocer con su propia grasa, como para algunos mariscos, desde medias langostas y gambas o grandes langostinos a vieiras, sin olvidar las brochetas de frutos del mar. Los ejemplares grandes, como las langostas o los bogavantes, así como los pescados gruesos, no resultan apropiados para estos métodos de cocción rápida, ya que el exterior podría quemarse antes de que el interior se cociera.

El secreto de una buena cocción radica en que el grill, la parrilla o la barbacoa estén muy calientes antes de empezar a cocinar. Asimismo, es importante untar el pescado con un poco de aceite o mantequilla (previamente aromatizados, *véase* página siguiente) con un pincel para evitar que se sequen o quemen por la acción del calor intenso. La piel oscura de los pescados que se cuecen siguiendo estos tres métodos se suele retirar casi siempre; por el contrario, el lado de la piel pálida es el primero que se somete a la acción del calor. Algunos pescados de carne firme, como el rape, el rodaballo o el lenguado, pueden cocerse sin piel.

Asar al grill Desgraciadamente, muchos grills domésticos no alcanzan la misma temperatura que los

profesionales, de modo que los alimentos en muchas ocasiones se cocinan en sus propios jugos. En este sentido, la piel de los pescados asados al grill puede quemarse con mucha facilidad. Yo recomiendo colocar una placa antiadherente o una sartén bajo el grill caliente, ya que la rejilla estándar tiende a que los alimentos se adhieran. También se puede forrar la placa o la rejilla con papel de aluminio, puesto que transmite el calor y cuece el otro lado, por lo que no es necesario dar la vuelta al pescado. Asimismo, se puede colocar el pescado en una parrilla para la barbacoa; de este modo, las piezas quedan sujetas por ambas caras y se les puede dar la vuelta con facilidad y situarlas más próximas al grill.

1　2

3　4

Asar a la parrilla Puede utilizar una parrilla acanalada y colocarla directamente sobre el fuego. El asado a la parrilla constituye probablemente la forma más fácil de cocinar un pescado. Este método es adecuado para pescados como el atún, ya que deben someterse a la acción de un fuego intenso que los mantenga crudos en el centro. Caliente al máximo la parrilla antes de incorporar el pescado y evite darle la vuelta, ya que se rompería.

Asar a la barbacoa Los resultados obtenidos con una barbacoa dependen de la misma. Elija una barbacoa con fuertes parrillas de hierro colado. Éstas mantienen el calor, lo que potencia el sellado de la carne y el pescado y evita que se adhieran. La temperatura correcta es esencial, por lo que las brasas deben prepararse con antelación para que las llamas se hayan consumido en el momento de cocinar.

Marinadas y acompañamientos Para preparar una *marinada rápida y sencilla (ilustración 1)*, para pescados de carne firme que vayan a asarse al grill, mezcle 4 cucharadas de aceite de oliva, 1 cucharadita de tomillo picado, 1 cucharadita de cáscara de limón finamente rallada, un poco de sal marina y pimienta negra recién molida.

La forma más sencilla de acompañar un pescado asado al grill, a la parrilla o a la barbacoa es con una *mantequilla de hierbas (ilustración 2).* Para ello, mezcle 250 g de mantequilla a punto de pomada con sal y pimienta, zumo de limón, si es de su agrado, y hierbas picadas, como perejil, perifollo, cebollinos o eneldo. Forme un cilindro sobre una hoja de papel de aluminio y deje que se enfríe. Corte la mantequilla en discos y colóquelos sobre el pescado en el momento de servirlo. Puede variar los aromatizantes si añade guindillas picadas sin semillas, una pizca generosa de pimienta de cayena o unas gotas de salsa tabasco.

También puede preparar una *salsa de chile (ilustración 3).* Para ello, caliente 2 cucharadas de aceite de oliva en una sartén y sofría escalonia finamente picada, guindilla sin semillas y pimiento rojo durante 1 minuto a fuego medio. Retire del fuego y añada la cáscara finamente rallada de $\frac{1}{2}$ lima y 2 cucharaditas de salsa de chile dulce. Sazone al gusto.

Para elaborar una *salsa verde (ilustración 4)* para los pescados asados al grill, pique las siguientes hierbas: hojas de menta, de perejil, de albahaca y alcaparras lavadas con unos 100 ml de aceite de oliva, 1 diente de ajo picado, 2 cucharaditas de mostaza de Dijon, 6-8 filetes de anchoas (opcional) y un poco de sal y pimienta.

Lenguado al grill con salsa bearnesa

A pesar de su elevado precio, el lenguado es uno de los pescados más solicitados en los restaurantes. Resulta ideal si desea algo sencillo, ligero y sabroso.

1 En primer lugar, prepare la salsa bearnesa. Vierta el vinagre, la escalonia, las hierbas y los granos de pimienta en un cazo con 3 cucharadas de agua y reduzca el líquido unos minutos. Cuélelo y déjelo enfriar.

2 Derrita la mantequilla en un cazo pequeño y manténgala 5 minutos a fuego lento. Retire del fuego, deje enfriar un poco, y separe la mantequilla pura del suero. Deseche el suero.

3 Introduzca las yemas de huevo en un cuenco pequeño con la mitad de la reducción de vinagre y ligue la mezcla sobre otro recipiente con agua hasta que la preparación vaya espesándose y esté espumosa. Incorpore poco a poco la mantequilla sin dejar de remover. Una batidora eléctrica manual le facilitará el trabajo. Si añade la mantequilla con rapidez, la salsa se cortará. Cuando haya añadido dos tercios de la mantequilla, pruebe la salsa y añada un poco más, o toda, e incorpore el resto de la reducción de vinagre. Luego incorpore el resto de la mantequilla. La salsa no debe tener demasiado sabor a vinagre. Sólo debe ocultar el sabor graso de la mantequilla. Sazone la salsa, mézclela con las hierbas picadas, tápela con un film de plástico y resérvela en un lugar templado, pero donde no haga demasiado calor.

4 Caliente el grill o la parrilla. Enharine ligeramente la cara del pescado que todavía lleva la piel, retire el exceso de harina, y pase ambas caras del pescado por aceite de oliva, que previamente habrá vertido en un plato grande. Cuando el grill o la parrilla estén muy calientes, ase el pescado durante 4-5 minutos con la cara de la carne hacia la fuente de calor; déle la vuelta y áselo por el otro lado durante el mismo tiempo. Si usa una parrilla, puede conferir al lenguado un efecto de cuadrícula si le da la vuelta unos 90 grados, en 3 ocasiones, tras 2-3 minutos. Deberá asar el pescado por tandas.

5 Sirva el pescado con la salsa bearnesa. Puede calentar la salsa sobre un cuenco con agua caliente.

PARA 4 RACIONES
4 lenguados, cada uno de unos
   500 g, sin la piel negra
harina para enharinar
aceite de oliva

para la salsa bearnesa
3 cucharadas de vinagre de vino
   blanco
1 escalonia pequeña picada
unas ramitas de estragón
1 hoja de laurel
5 granos de pimienta blanca
250 g de mantequilla
3 yemas de huevo pequeñas
sal y pimienta blanca recién molida
1 cucharada de estragón picado
1 cucharada de cebollino o perejil
   picado

OTROS PESCADOS ADECUADOS: rodaballo, limanda, platija, mendo limón, gallo

Gambas piri piri

En la actualidad, en los mercados se dispone de un amplio abanico de gambas y langostinos. Las gambas y los langostinos soportan bien la congelación en estado crudo, por lo que es posible disponer desde las gambas gigantes de Mozambique (que pueden llegar a pesar lo mismo que una langosta pequeña), a los langostinos tigre, pasando por las gambas rojas y las langostineras.

Para este plato es preferible comprar gambas del mayor tamaño posible. Algunas personas afirman que las gambas y los langostinos que proceden de aguas frías tienen mejor sabor. Yo prefiero las gambas de mar a las de agua dulce.

Si no le gusta la presencia de las cabezas de las gambas, puede retirarlas o bien comprarlas sin cabeza. A los amantes de las gambas les encantan; además, disfrutan de cada parte del crustáceo.

Piri piri es un término angoleño con el que se designa a un tipo de guindilla picante de pequeño tamaño. Este término se empleaba en todo el imperio portugués para designar los platos picantes, tanto de carne como de pescado, preparados de esta forma.

PARA 4 RACIONES

Unos 750 g de gambas grandes, preferiblemente con las cabezas y caparazones
45 g (al gusto) de guindillas rojas suaves
$\frac{1}{2}$ pimiento rojo sin semillas
4 cucharadas de aceite de oliva
una pizca generosa de sal
rodajas de lima o limón para acompañar

1 Si, como yo, prefiere dejar los caparazones, practique un corte en el cuerpo de las gambas con un cuchillo de sierra afilado desde la cabeza a la cola para extraer los intestinos. Lave las gambas cuidadosamente bajo el grifo y pase un dedo por el cuerpo para retirar los intestinos. Séquelas con papel de cocina. Si prefiere pelarlas, deje la cabeza y la cola.

2 Introduzca las guindillas, el pimiento rojo, el aceite de oliva y la sal en el vaso de la batidora o robot y ligue bien hasta que quede una mezcla homogénea. Introduzca en un recipiente las gambas con esta preparación, tápelo y resérvelo en el frigorífico durante dos horas como mínimo.

3 Puede asar las gambas a la barbacoa o a la parrilla como se muestra en la ilustración. Caliente bien la parrilla. Para facilitar la cocción, si va a asarlas a la barbacoa, ensarte las gambas en una brocheta metálica. Ase las gambas durante 2-3 minutos por cada lado si son medianas o dos minutos más si son grandes. Déles la vuelta si empiezan a tostarse demasiado, o colóquelas en el lado más frío de la parrilla. Acompañe con rodajas de limón o lima.

OTROS PESCADOS ADECUADOS: la mayoría de pescados y crustáceos adecuados para asar a la parrilla

Calamares a la parrilla con garbanzos y panceta

Los calamares resultan ideales para asar a la barbacoa, y están tan indicados para el almuerzo del domingo como para una fiesta veraniega. Para elaborar esta receta, deje las bolsas del calamar intactas, y corte los tentáculos a la altura de los ojos.

1 Para preparar la salsa de garbanzos, caliente el aceite de oliva en una cacerola y sofría las escalonias, la guindilla, el pimiento y la cáscara de lima durante unos minutos hasta que se ablanden sin dejarlos dorar. Añada los garbanzos, mezcle bien y retire del fuego. Incorpore la salsa de chile y las hierbas frescas, salpimente y reserve. Si la salsa le queda un poco espesa, añada un poco más de aceite.

2 Caliente la barbacoa, la parrilla de hierro colado o el grill. Corte cada calamar por la mitad. Con la ayuda de un cuchillo afilado, corte la cara interna formando líneas entrecruzadas a una distancia de 2 cm cada una. Salpimente las bolsas y los tentáculos y úntelos con un poco de aceite vegetal ayudándose de un pincel.

3 Mientras, ase la panceta o el beicon en la barbacoa, la parrilla o el grill hasta que esté crujiente. Ase los calamares 2 minutos por cada lado.

4 Sirva los calamares en un plato. Coloque a un lado unas hojas de rúcola y, en otro, la salsa de garbanzos caliente. Adorne los calamares con la pacenta o el tocino crujientes.

Variantes En vez de preparar la salsa de garbanzos, puede servir los calamares acompañados de una salsa verde o de chile (*véase* pág. 31), o incluso de una salsa tártara especiada (*véase* pág. 96).

PARA 4 RACIONES

4 calamares medianos, de unos 200 g cada uno

aceite vegetal para untar el pescado

8 lonchas finas de panceta o beicon ahumado entreverado

100 g de rúcola, preferentemente silvestre

para la salsa de garbanzos

unos 125 ml de aceite de oliva virgen y un poco más para aliñar

2 escalonias grandes finamente picadas

1 guindilla roja pequeña suave sin semillas y finamente picada

1 pimiento rojo sin semillas y finamente picado

la cáscara finamente rallada de $1/2$ lima

160 g (peso escurrido) de garbanzos cocidos

2 cucharaditas de salsa de chile dulce

1 cucharada de hojas de menta finamente picadas

1 cucharada de perejil finamente picado

sal y pimienta negra recién molida

OTROS PESCADOS ADECUADOS: sepia, navajas, vieiras

2 sopas de *pescado*

«*Mouclade*»

La *mouclade* es una sopa cremosa de mejillones, típica en Francia, que antaño se aromatizaba y pigmentaba con azafrán, pero que en la actualidad, y quizás debido a la influencia inglesa, se aromatiza con una mezcla de curry. Puede especiarla más o menos, aunque debe recordar que se trata de una sopa y que el paladar no debe quedar afectado para el resto de los platos de la comida.

1 En primer lugar, prepare el caldo. Para ello, derrita la mantequilla en una cacerola de fondo grueso y sofría las escalonias, el ajo y el jengibre sin que lleguen a adquirir color. Añada las especias y cueza otro minuto para que desprendan su aroma. Incorpore la harina y mezcle a fuego lento durante 30 segundos, luego vaya vertiendo poco a poco el caldo de pescado, lleve a ebullición y mantenga la sopa a fuego lento unos 20 minutos. Vierta la crema y cueza a fuego lento otros 10 minutos más. Ligue la preparación en el robot o batidora hasta obtener un líquido homogéneo. Páselo por un colador de malla fina. Rectifique la condimentación.

2 Mientras se cuece el caldo, introduzca los mejillones en una cacerola grande con el vino blanco y tape herméticamente. Cueza a fuego fuerte durante 3-4 minutos, destape el recipiente y agítelo de vez en cuando hasta que los mejillones se hayan abierto.

3 Vierta los mejillones sobre un colador dispuesto sobre un cuenco para recoger el líquido de cocción y déjelo enfriar durante 10 minutos. Cuele este líquido en un colador fino que habrá dispuesto sobre la sopa.

4 Retire las valvas a 32 mejillones. Añada todos los mejillones, incluidos los que extrajo de las valvas, a la sopa; incorpore el perejil, lleve a ebullición y sirva.

PARA 4 RACIONES

1 kg de mejillones limpios (desechar aquellos que no se cierren al tacto)

100 ml de vino blanco seco

1 cucharada de perejil picado

para el caldo

30 g de mantequilla

2 escalonias finamente picadas

un trozo pequeño de jengibre fresco, pelado y finamente picado

$\frac{1}{2}$ cucharadita de cúrcuma molida

$\frac{1}{2}$ cucharadita de comino molido

$\frac{1}{2}$ cucharadita de curry en polvo

$\frac{1}{2}$ cucharadita de semillas de hinojo

unas hojas de curry

unas hebras de azafrán

1 cucharada de harina

1,1 l de caldo de pescado (*véase* pág. 52), o de caldo de pescado elaborado con una pastilla de caldo, desleída en la misma cantidad de agua caliente

300 ml de crema de leche espesa

sal y pimienta negra recién molida

OTROS PESCADOS ADECUADOS: almejas, berberechos, navajas

«*Bisque*» de crustáceos

PARA 4-6 RACIONES

1 kg de restos de crustáceos
   (*véase* derecha)
1 cucharada de aceite vegetal
1 cebolla pequeña finamente
   picada
1 puerro pequeño lavado
   y finamente picado
3 dientes de ajo picados
   en grandes trozos
1 bulbo de hinojo pequeño,
   picado en grandes trozos
unas ramitas de estragón
1 hoja de laurel
45 g de mantequilla
2 cucharadas de tomate
   concentrado
3 cucharadas de harina
un vaso de vino blanco
2 l de caldo de pescado (*véase*
   pág. 52), o una pastilla de
   caldo de pescado desleída
   en la misma cantidad de
   agua caliente
sal y pimienta blanca recién
   molida
200 ml de crema de leche espesa

La *bisque* de crustáceos puede prepararse con diferentes especies, desde los cangrejos pequeños a las nécoras, pasando por cigalas, gambas, langostinos, langosta o bogavante. Puede cocerlos enteros y utilizar su carne en ensaladas, ya que el sabor procede de los caparazones. Cuando preparo crustáceos en casa, nunca desecho los caparazones, los congelo para elaborar una salsa de crustáceos o una *bisque*. Si compra los crustáceos tan sólo para preparar la sopa, el plato le saldrá muy caro, por lo que vale la pena tener en cuenta este secreto. La *bisque* puede espesarse de muchas formas. Puede emplear arroz en vez de harina, ya que éste se deshace durante la cocción y se mezcla con la sopa.

1 Con la ayuda de un cuchillo pesado, una maza para carne o un rodillo, rompa los restos y caparazones de los crustáceos en trozos pequeños.

2 Caliente el aceite en una cacerola de fondo grueso y fría los caparazones a fuego fuerte durante unos 5 minutos. Remueva a menudo hasta que empiecen a adquirir color. Añada la cebolla, el puerro, el ajo, el hinojo, el estragón y la hoja de laurel y cueza otros 5 minutos hasta que las hortalizas empiecen a tomar color. Incorpore la mantequilla y mezcle, añada el tomate concentrado y la harina, mezcle y cueza un minuto a fuego lento. Vierta el vino blanco y vaya añadiendo lentamente el caldo de pescado sin dejar de remover para que no se formen grumos. Lleve a ebullición, salpimente y cueza 1 hora a fuego lento.

3 Vierta la sopa con los aromatizantes y los caparazones en un colador dispuesto sobre un cuenco grande. Retire un tercio de los caparazones blandos (los de gambas y langostinos son ideales, pero los de cangrejo son demasiado duros) e incorpórelos al líquido. Deseche el resto. Introduzca el líquido y los caparazones en el vaso del robot eléctrico y mezcle hasta que la preparación adquiera una textura homogénea; luego pásela por un colador fino.

4 Introduzca la preparación en una cacerola limpia, rectifique la condimentación, si fuese necesario, y lleve a ebullición. Si la sopa no se ha espesado lo suficiente, manténgala a fuego lento. Añada la crema, caliente, rectifique la condimentación y mezcle bien.

OTROS PESCADOS ADECUADOS: langosta, cangrejo verde, cigalas, bogavante, gambas, centollo

«*Vichyssoise*» con ostras

Desde que la *vichyssoise* fue inventada en 1917 por un chef francés del Hotel Algonquin de Nueva York, muchas personas han creado su propia versión de esta sopa fría. También es excelente caliente, aunque lo más importante es aprovechar al máximo el sabor de los puerros y las patatas. Compre patatas de calidad, ya sea nuevas o viejas, pero no demasiado cerosas, ya que conseguiría una especie de pegamento. Le recomiento las Roseval o Maris Piper. No las cueza demasiado tiempo; la «vichyssoise» sólo debe cocerse el tiempo que precisen las patatas y enfriarse rápidamente para conservar su color y sabor.

Yo utilizo aceite de oliva en las sopas frías, ya que la mantequilla tiende a dejar manchitas al enfriarse. La incorporación de las ostras aporta un toque de lujo. Si quiere potenciarlo, puede añadir una cucharada de caviar.

1 Caliente el aceite de oliva en una cacerola y sofría los puerros a fuego lento, sin dejar que se doren, durante 4-5 minutos. Incorpore las patatas y el caldo vegetal, lleve a ebullición, salpimente y cueza a fuego lento durante 10-15 minutos o hasta que las patatas estén tiernas.

2 Incorpore las cebollas tiernas y 4 ostras con su jugo y cueza otros 2 minutos a fuego lento.

3 Mezcle en la batidora o robot y pase la preparación por un colador fino. Rectifique la condimentación, si fuese necesario. Deje enfriar la sopa en un cuenco que se habrá dispuesto sobre otro con cubitos de hielo y agua fría. Remuévala de vez en cuando. Cuando la sopa esté fría se espesará, por lo que quizás deba rectificar su consistencia con un poco más de caldo o leche.

4 Incorpore la guarnición de patata y puerro a la sopa y mezcle bien. Sirva en cuencos o platos soperos y adorne con una de las ostras reservadas. Por último, espolvoree con los cebollinos.

PARA 4 RACIONES

2 puerros medianos, limpios y cortados en grandes trozos

1 cucharada de aceite de oliva

250 g de patatas nuevas o viejas de calidad (*véase* izquierda), peladas y cortadas en grandes trozos

1 l de caldo vegetal (o una pastilla de caldo vegetal de calidad desleída en la misma cantidad de agua caliente)

sal y pimienta negra recién molida

2-3 cebollas tiernas, picadas en grandes trozos

8 ostras sin valvas (reservar los jugos)

para la guarnición

1 patata pequeña cerosa, cortada en dados de 1 cm y cocida en agua hirviendo con sal hasta que adquiera una textura blanda

$1/2$ puerro pequeño, cortado en dados de 1 cm, limpio y cocido en agua hirviendo con sal hasta que esté tierno

1 cucharada de cebollinos finamente picados

OTROS PESCADOS ADECUADOS: cualquier molusco

«Gumbo» de gambas y quingombós

PARA 4-6 RACIONES

4 cucharadas de aceite vegetal

4 cucharadas de harina

1 cebolla pequeña finamente picada

2 tallos de apio, pelados y picados
  en dados de 5 mm

1 pimiento verde sin semillas
  y picado en dados de 5 mm

200 g de quingombós, limpios
  y en rodajas finas

1 lata pequeña de tomates
  picados y escurridos (reservar
  el jugo y picar la carne)

sal y pimienta negra recién molida

un chorrito de salsa tabasco

para el caldo

500 g de gambas crudas,
  preferentemente con las cabezas

1 cebolla picada en grandes trozos

3 dientes de ajo majados

1 cucharada de aceite vegetal

1 cucharada de tomate
  concentrado

1 vaso de vino blanco seco

10 granos de pimienta negra

unas ramitas de tomillo

$\frac{1}{2}$ cucharadita de semillas de hinojo

2 l de caldo de pescado (*véase*
  pág. 52), o una pastilla de caldo
  de pescado desleída en la
  misma cantidad de agua
  caliente

La palabra africana *gumbo,* que designa al quingombó, también hace referencia al guiso más conocido de Luisiana, un ingrediente esencial que contribuye al espesado de la preparación, que se consigue también con un rubio y la incorporación del polvo *filé,* que se obtiene de las hojas molidas del árbol del sasafrás. Esta sopa se puede preparar de forma consistente, en cuyo caso se sitúa a medio camino entre un guiso y una sopa, y servirla como entrante o plato principal. Normalmente, se elabora con arroz; yo la prefiero sin arroz si voy a servirla como sopa.

Un *gumbo* se espesa siempre con un rubio oscuro preparado con harina y aceite. A diferencia del clásico de mantequilla y harina, puede parecer un poco extravagante a los cocineros experimentados; sin embargo, cumple su función, y, de hecho, no se nota la diferencia.

1 Prepare el caldo. Para ello, retire las cabezas y los caparazones de las gambas y extraiga los intestinos ayudándose de un cuchillo. Lave bien las gambas y resérvelas en el frigorífico.

2 Pique los caparazones y las cabezas de las gambas y fríalos en el aceite vegetal con el ajo y la cebolla a fuego fuerte hasta que tomen color. Incorpore el tomate concentrado, el vino, la pimienta, el tomillo, las semillas de hinojo y el caldo. Lleve a ebullición y cueza a fuego lento durante 1 hora. Pase la preparación por un colador fino. Presione para extraer el máximo líquido posible.

3 Mientras, prepare el rubio. Para ello, caliente 3 cucharadas de aceite vegetal en un cazo de fondo grueso y añada la harina sin dejar de remover. Cueza a fuego lento durante 4-5 minutos. Vaya removiendo a menudo, hasta que la preparación adquiera un color arenoso. Retire del fuego y reserve.

4 Caliente el resto del aceite en una cacerola de fondo grueso y fría la cebolla, el apio, el pimiento verde y los quingombós durante 3-4 minutos. Incorpore el rubio, mezcle bien y vaya añadiendo las gambas, el caldo, los tomates en lata y su jugo. Salpimente, añada un chorrito de salsa tabasco y cueza durante 1 hora a fuego lento.

5 Incorpore la carne de las gambas y cueza durante 5 minutos más. Añada un poco más de tabasco si fuese necesario.

OTROS PESCADOS ADECUADOS: *langosta, cigalas, bogavante o cualquier pescado de carne firme*

Minestrone primavera con cigalas

Ilustrado en la página anterior

PARA 4 RACIONES

16 cigalas vivas pequeñas

sal y pimienta negra recién molida

1,5 l de caldo vegetal (o una
   pastilla de caldo vegetal
   desleída en la misma cantidad
   de agua caliente)

1 hoja de laurel

unas ramitas de tomillo

150 g de habas

1 puerro pequeño limpio y cortado
   en dados de 1 cm

100 g de guisantes

60 g de judías verdes cortadas en
   trozos de 5 mm

1 cucharada de perejil picado

2 cucharadas de arroz bomba
   cocido o sopa para pasta
   (opcional)

La primavera es la mejor época del año para disfrutar tanto de los guisantes como de las habas tiernas. En esta receta, estas hortalizas se enriquecen con las colas de las cigalas; además, ofrecen un magnífico contraste de color.

1 Lleve a ebullición agua en una cacerola lo suficientemente amplia para que quepan las cigalas. Incorpore una cucharada de sal, sumerja las cigalas y cueza a fuego lento durante 3 minutos. Escurra las cigalas en un colador y déjelas enfriar durante 6-7 minutos.

2 Quite la cabeza y pele las cigalas y reserve las colas en el frigorífico. Lave los caparazones con agua fría e introdúzcalos en una cacerola con el caldo vegetal y las hierbas. Lleve a ebullición y cueza a fuego lento durante 30 minutos. Espume de vez en cuando.

3 Mientras, escalde las habas en agua hirviendo con sal durante 3 minutos. Escúrralas y pélelas.

4 Pase la sopa por un colador fino dispuesto sobre una cacerola limpia. Incorpore el puerro, los guisantes y las judías y cueza durante 10 minutos a fuego lento. Añada las habas y el perejil y cueza otros 5 minutos. Incorpore las colas de las cigalas y el arroz o la pasta, en caso de utilizarlos. (Puede cocerlos en la sopa, aunque debe tener en cuenta que no quedará tan limpia). Salpimente si fuese necesario.

Variantes Las hortalizas y legumbres empleadas en un minestrone pueden ser muy diversas. En primavera, puede utilizar tomates, zanahorias nuevas, apio y calabacines. Utilice hortalizas adecuadas para cada época del año y col especialmente en invierno. En vez de las habas, puede utilizar judías blancas.

OTROS PESCADOS ADECUADOS: langosta, langostinos

Pescado a la catalana

Aunque las sopas y guisos de pescado son habituales en todo el mundo, a mi entender, la bullabesa francesa y las sopas y guisos españoles son los mejores. Este plato puede servirse como sopa o plato principal. La consistencia puede ajustarse a su gusto; para ello, puede añadir un poco más de caldo de pescado. Puede preparar esta sopa con ingredientes sencillos, aunque si utiliza una buena sopa de pescado para la base (en vez de un simple caldo de pescado) su calidad mejora sensiblemente. Aunque el pescado puede variarse de acuerdo con el mercado, una mezcla de pescados blancos, mariscos y crustáceos mejora el plato.

1 Caliente el horno a 200°C. Caliente el aceite en una sartén, salpimente el pescado y dórelo ligeramente durante 1 minuto por cada lado. Introdúzcalo en una cazuela de servicio refractaria, de barro, por ejemplo.

2 Incorpore el calamar y los mejillones al caldo caliente, junto con el ajo, el perejil, las almendras y 100 ml de agua. Introduzca todos estos ingredientes en la cazuela, tápela y hornee durante 15-20 minutos. Remueva de vez en cuando.

PARA 4 RACIONES
3-4 cucharadas de aceite de oliva
sal y pimienta negra recién molida
200 g de rape cortado en rodajas de 1-2 cm (con las espinas)
100 g de calamar limpio, cortado en trozos de 3-4 cm
250 g de besugo o dorada sin escamas y cortado como el rape
250 g de mejillones limpios (deseche aquellos que no se cierren al tacto)
3 dientes de ajo picados
2 cucharadas de perejil picado
1 cucharada de almendras picadas
caldo de pescado caliente (*véase* pág. 53)

OTROS PESCADOS ADECUADOS: mariscos y pescados de carne firme

Gelatina clara de tomate con cangrejo

Este entrante ligero y refrescante resulta perfecto para el verano. Aunque una vez servido puede pensarse que su elaboración es complicada, no se precisan conocimientos especiales, excepto la utilización de los ingredientes más frescos y de calidad. Sin embargo, la preparación debe iniciarse el día anterior.

1 Comience a preparar el plato un día antes de servirlo. Escalde los dientes de ajo en agua hirviendo durante 2 minutos y escúrralos.

2 Pique en grandes trozos los tomates, las escalonias, el ajo escaldado y la albahaca en el robot o batidora con un poco de sal y pimienta negra recién molida y 250 ml de zumo de tomate.

3 Coloque un colador forrado con una estameña sobre un cuenco grande. Vierta la pulpa en el colador y deje reposar toda la noche en el frigorífico para que se escurra.

4 Al día siguiente, habrá obtenido 600-700 ml de zumo claro (utilice la pulpa para una sopa o salsa para pasta). Ponga en remojo 3 hojas de gelatina (4 si ha conseguido un litro de zumo) en agua fría hasta que adquieran flexibilidad.

5 Mientras, retire un cucharón de zumo y caliéntelo en un cazo. Escurra las hojas de gelatina y mézclelas con el líquido del cazo hasta que se deslían. Añada esta mezcla al resto del zumo, junto con el jugo de tomate que había reservado sin filtrar. Remueva y deje reposar durante 1-2 horas en el frigorífico hasta que se solidifique.

6 Para preparar la guarnición, pele y extraiga el hueso del aguacate y córtelo en dados de 5 mm a 1 cm. Mezcle la carne de cangrejo con el tomate y el aguacate y salpimente. Mezcle con los cebollinos y el aceite de oliva. Remueva ligeramente el consomé de gelatina y emplate. Adorne con la mezcla de cangrejo en el centro y sirva.

PARA 4 RACIONES

2 dientes de ajo pequeños

1,5 kg de tomates maduros cortados por la mitad

2 escalonias grandes picadas en grandes trozos

unas ramitas de albahaca

sal y pimienta negra recién molida

300 ml de zumo de tomate de calidad

3-4 hojas de gelatina

para la guarnición

$^1/_2$ aguacate pequeño

100 g de carne blanca de cangrejo recién extraída

1 tomate grande, pelado, sin semillas y cortado en dados de 5 mm

pimienta blanca recién molida

2 cucharaditas de cebollinos picados

1-2 cucharaditas de aceite de oliva

OTROS PESCADOS ADECUADOS: cualquier crustáceo

Guarniciones para sopas Las sopas, especialmente las que son sencillas

y se han reducido a puré, necesitan una guarnición, aunque sólo se trate de unos picatostes.

Puede utilizar cualquier tipo de guarnición, desde unos chips de plátano macho con una salsa

de tomate especiada a clásicos como rebanadas de pan tostado y *rouille* (*véase* inferior), hinojo

cocido picado e incluso pequeños brioches aromatizados con hierbas.

Si va a servir una receta, como, por ejemplo, el pescado a la catalana (*véase* pág. 47), puede preparar *pan con tomate (ilustración 1).* Para ello, tueste rebanadas de pan de payés y úntelas con ajo y tomate. Una sopa de pescado asiática puede servirse con un rollito a base de papel de arroz relleno con algunos de los ingredientes de la sopa o con algunos de sus aromatizantes. Los *blinis* pequeños con caviar y crema ácida son ideales para una sopa fría de remolacha.

Unos sencillos *picatostes (ilustración 2)* constituyen la guarnición ideal para muchas sopas. Para preparar picatostes, corte su pan predilecto en pequeños dados. Sazónelos y fríalos en aceite de oliva, vegetal o una mezcla de ambos hasta que estén dorados. También puede añadir uno o dos dientes de ajo al aceite utilizado en la fritura o bien incorporarlo picado cuando esté a punto de finalizar la cocción.

Si va a servir una *rouille* (*véase* pág. 53), prepare rebanadas de *pan tostado (ilustración 3).* Para ello, corte rebanadas de unos 5 mm de grosor, úntelas, sirviéndose de un pincel, con aceite de oliva y ajo, y, si lo desea, hierbas, y tueste ambas caras en el grill o la parrilla.

El *alioli (ilustración 4)* se puede incorporar a las sopas o extender sobre rebanadas de pan tostado, que se pueden dejar flotar sobre las mismas. Es excelente para acompañar pescados y hortalizas a la parrilla. Para prepararlo, machaque 6-8 dientes de ajo con un poco de sal con la hoja plana de un cuchillo. Mezcle en un mortero el ajo, 2 yemas de huevo y una pizca generosa de sal. Ligue la mezcla en una batidora de varillas mientras va incorporando en pequeños chorros 300 ml de aceite de oliva. Cuando la salsa esté consistente, no añada más aceite. Incorpore una cucharadita de agua para evitar que la salsa se corte. Cuando haya incorporado casi todo el aceite, añada la pimienta blanca y zumo de limón. Incorpore el resto del aceite. Rectifique de sal, si fuese necesario. La consistencia puede modificarse añadiendo más agua. También puede incorporar un poco de mostaza de Dijon o un toque de vinagre de vino. Si no desea que el sabor sea demasiado intenso, utilice aceite de semillas o de maíz, en lugar de aceite de oliva.

1 2
3 4

«Cullen skink»

Cullen es el nombre del pueblo donde surgió esta clásica sopa de pescado escocesa. *Skink* es un término antiguo con el que se designaba un caldo o una sopa. Antiguamente, la sopa no llevaba crema, perejil ni beicon como algunas de las nuevas recetas. Esta sopa es tan sustanciosa que puede servirse como plato principal o como *brunch*. Si no tiene tiempo para preparar el caldo, utilice una pastilla de caldo de calidad desleída en la misma cantidad de agua caliente.

PARA 4-6 RACIONES

Una nuez generosa de mantequilla

1 puerro grande limpio y cortado
    en grandes trozos

1 patata pequeña harinosa
    cortada en grandes trozos

1 hoja de laurel

300 g de filetes de eglefino
    ahumado

4 cucharadas de crema de leche

1 cucharada de perejil picado

para el caldo de pescado

2 kg de recortes y espinas de
    pescado blanco

2 puerros

2 cebollas

$1/2$ apio

$1/2$ limón

1 cucharadita de semillas de hinojo

20 granos de pimienta negra

1 hoja de laurel

unas ramitas de tomillo

unas ramitas de perejil

sal

1 Prepare el caldo. Para ello, introduzca las espinas y los recortes en una cacerola grande. Pique las hortalizas en grandes trozos y lave bien los puerros. Añádalos al resto de los ingredientes. Cubra con 1 $1/2$ l de agua fría y lleve a ebullición. Elimine las impurezas que asciendan a la superficie y cueza a fuego lento durante 20 minutos. Espume de vez en cuando. Cuele y sazone al gusto (tenga cuidado con la sal si va a reducir el caldo).

2 Derrita la mantequilla en una cacerola e incorpore el puerro. Remueva, tape y cueza unos minutos hasta que adquiera una textura blanda. Añada el caldo de pescado, la patata, la hoja de laurel y el eglefino. Lleve a ebullición, sazone, baje el fuego y cueza a fuego lento durante 15 minutos. Retire con cuidado el eglefino ahumado con la ayuda de una espumadera y resérvelo. Mantenga la sopa otros 15 minutos a fuego lento.

3 Retire la hoja de laurel y ligue la sopa en la batidora hasta que adquiera una textura homogénea. Pásela por un colador fino.

4 Quite la piel y las espinas del eglefino e introduzca la carne en la sopa. Mezcle con la crema y el perejil y cueza de nuevo por debajo del punto de ebullición. Rectifique de sal, si fuese necesario, y sirva.

Variantes Para preparar una caldereta de pescado ahumado, añada a las hortalizas $1/2$ bulbo de hinojo, 1 cucharada de harina (que cocerá durante un breve período de tiempo) y $1/2$ vaso de vino blanco seco con el caldo y eneldo (que sustituirá al perejil). No remueva la sopa antes de añadir el pescado y la crema. Simplemente retire un cucharón de caldo y bátalo hasta que el líquido adquiera una textura homogénea. Incorpórelo en la sopa junto con el eneldo.

OTROS PESCADOS ADECUADOS: cualquier pescado ahumado al calor

Sopa de pescado

Esta receta resulta excelente para preparar pescados con demasiadas espinas o que no tengan la carne lo suficientemente firme como para no deshacerse. En la pescadería puede encontrar preparaciones para sopa que, generalmente, contienen pescados como congrio o pescados de roca, todos ellos con abundantes espinas y sabor. Como esta sopa se mezcla y cuela, no importa que los pescados tengan muchas espinas. Compre pescados variados e incluya como mínimo un pescado entero (los salmonetes, los besugos, las doradas o las gallinetas son excelentes), pero no utilice pescados grasos. La sopa se puede congelar, por lo que puede preparar una cantidad mayor, si ha conseguido unos pescados perfectos. Si no desea preparar la *rouille,* espolvoree las tostadas con queso gruyère rallado.

1 Caliente el aceite de oliva en una cacerola de fondo grueso y sofría ligeramente el pescado, las hortalizas, el ajo, las especias y las hierbas durante unos 10 minutos. Incorpore el tomate concentrado, los tomates picados, el vino tinto y el caldo de pescado. Lleve a ebullición, salpimente y mantenga a fuego lento durante 50 minutos.

2 Mezcle un tercio de la sopa (incluidas las espinas) en la batidora o robot. Viértala de nuevo en la cacerola y cueza otros 20 minutos a fuego lento.

3 Pase la sopa por un colador o un chino, y salpimente de nuevo si fuese necesario.

4 Si lo desea, prepare una *rouille* para acompañar la sopa. Para ello, vierta unos 100 ml de sopa en un cazo y cueza con el ajo y el azafrán un par de minutos. Mezcle con el pan, retire del fuego y deje enfriar un poco. Vierta la preparación en la batidora o robot y mezcle con la yema. Incorpore poco a poco los aceites. Pare la máquina de vez en cuando para incorporar la salsa depositada en las paredes. Cuando la salsa se haya espesado, salpimente e incorpore el zumo de limón.

5 Puede colocar una rebanada de pan tostado y untado con la *rouille* en el centro de cada plato, o simplemente verter la sopa en los platos, y acompañar con las tostadas y la *rouille.*

PARA 4-6 RACIONES

2 cucharadas de aceite de oliva

500 g de pescado (cabezas, colas y recortes) cortado en trozos

1 cebolla pequeña, picada en grandes trozos

$^1/_2$ bulbo de hinojo picado en grandes trozos

$^1/_2$ pimiento rojo sin semillas y picado en grandes trozos

1 patata pequeña (unos 125 g), pelada y picada en grandes trozos

3 dientes de ajo picados

una pizca generosa de azafrán

5 granos de pimienta negra

2 bayas de enebro

1 hoja de laurel

unas ramitas de tomillo

3 cucharadas de tomate concentrado

150 g de tomates picados en lata

150 ml de vino tinto

1,5 l de caldo de pescado (o una pastilla de caldo de pescado de calidad, desleída en agua caliente)

tostadas

para la rouille *(opcional)*

una pizca generosa de azafrán

3 dientes de ajo pelados y majados

1 rebanada gruesa de pan blanco sin la corteza y en trozos

1 yema de huevo

3 cucharadas de aceite de oliva virgen

3 cucharadas de aceite vegetal

pimienta de cayena

1 cucharadita de zumo de limón

OTROS PESCADOS ADECUADOS: una amplia selección de pescados blancos

Sopa tailandesa de coco y pescado

Las hierbas y especias tailandesas aportan una deliciosa fragancia a las sopas, tanto si están elaboradas a base de carne como a base de pescado. En la actualidad, los condimentos tailandeses se encuentran fácilmente en los establecimientos especializados en productos asiáticos.

1 Introduzca todos los ingredientes del caldo en una cacerola. Incorpore los tallos del cilantro para la sopa, la sal y la pimienta. Lleve a ebullición y cueza a fuego lento durante 1 hora. Espume la superficie de vez en cuando.

2 A media cocción, mezcle la harina de maíz con un poco de agua fría y añádala al caldo sin dejar de remover. Cueza durante 20 minutos a fuego lento, pase el caldo por un colador y vuelva a verterlo en la cacerola. Añada la crema de coco y mezcle con la sopa.

3 Escalde el jengibre y la guindilla en agua hirviendo durante 2 minutos para rebajar su sabor. Escúrralos e incorpórelos en la sopa junto con la hierba limón picada.

4 Corte el pescado en trozos de 2-3 cm e incorpórelos en la sopa. Mezcle con las cebollas tiernas, el cilantro y las hojas de lima. Lleve de nuevo a ebullición y rectifique la condimentación si fuese necesario.

Variantes Para una sopa más consistente, como la *laksa* indonesia, ponga en remojo unos 200 g de fideos de arroz planos y añádalos a la sopa en el último momento.

PARA 8 RACIONES
Unas ramitas de cilantro picadas en grandes trozos
25 g de harina de maíz
150 g de crema de coco (en bloque o líquida)
30 g de rizoma de jengibre fresco o galanga, pelado y en tiras finas
1 guindilla roja suave sin semillas y en tiras finas
1 tallo de hierba limón (las hojas externas retiradas y el final bulboso finamente picado)
250 g de pescado de carne firme, por ejemplo, rape o emperador
4 cebollas tiernas troceadas en diagonal
4 hojas frescas de lima

para el caldo de pescado tailandés
1,5 l de caldo de pescado (*véase* pág. 52), o una pastilla de caldo de calidad, desleída en la misma cantidad de agua caliente
1 cebolla picada en grandes trozos
25 g de rizoma de jengibre fresco o galanga, pelado y picado en grandes trozos
1 tallo de hierba limón picado en grandes trozos
3 dientes de ajo picados en grandes trozos
3 hojas de lima
1 guindilla suave picada sin semillas
sal y pimienta negra recién molida

OTROS PESCADOS ADECUADOS: *pescados de carne firme y la mayoría de crustáceos*

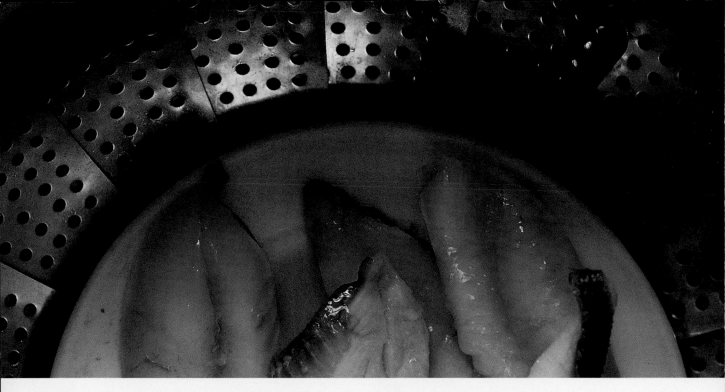

3 pescados ligeros

Cóctel de espárragos y bogavante

Al igual que ocurre con las gambas, a veces los viejos clásicos constituyen la mejor alternativa. Quizás piense que no vale la pena comprar bogavante para preparar un cóctel, pero si lo hace y lo cocina bien, el plato resultará delicioso. Debe tener en cuenta que incluso las recetas de bogavante más sofisticadas pueden quedar deslucidas por una mala preparación y cocción.

1 Corte las hojas de lechuga y endibia en tiras muy finas y mézclalas con las de cebolla tierna.

2 Cueza los espárragos en agua hirviendo con sal durante 4-5 minutos, o hasta que estén tiernos. Escúrralos y déjelos enfriar.

3 Mezcle los ingredientes de la salsa y salpiméntela.

4 Sirva la ensalada en cuencos pequeños, por ejemplo, en copas de martini o recipientes similares; coloque encima la carne de bogavante y cubra con los espárragos. Distribuya la salsa por encima y acompañe con rodajas de lima o limón.

PARA 4 RACIONES

1 lechuga romana pequeña

1 endibia pequeña

4 cebollas tiernas en tiras finas

450-500 g de espárragos, eliminando los extremos duros

2 bogavantes cocidos (*véase* pág. 12) de 500-600 g cada uno, con la carne de la cola extraída y cortada en trozos regulares

1 limón o lima a rodajas para acompañar

para la salsa del cóctel

5 cucharadas de mayonesa espesa (*véase* pág. 62) o ya preparada de calidad

5 cucharadas de ketchup

2 cucharaditas de salsa Worcester

unas gotas de tabasco

1 cucharada de zumo de naranja

1 cucharada de raiforte cremoso o 1 cucharada de raiforte fresco recién rallado

1 cucharada de Pernod o Ricard

1 cucharada de eneldo picado

sal y pimienta negra recién molida

OTROS PESCADOS ADECUADOS: *cangrejo, langosta, cigalas, gambas, cangrejos de río*

Conserva de gambas sobre tostadas

PARA 4 RACIONES

COMO ENTRANTE

175 g de mantequilla

el zumo de ½ limón

una pizca generosa de macís o
   nuez moscada recién rallada

una pizca de pimienta de cayena

1 hoja pequeña de laurel

1 cucharadita de pasta o esencia
   de anchoas

200 g de gambas pequeñas peladas

sal y pimienta blanca recién molida

para servir

pan moreno de calidad

2 limones cortados por la mitad

Este sencillo entrante puede prepararse el día anterior o incluso algunos días antes. Saque la conserva del frigorífico una hora antes de servirla para que adquiera una textura blanda. Para preparar este plato, puede comprar gambas pequeñas peladas si desea ahorrarse trabajo. Quizás no sean económicas, pero vale la pena. Si no encuentra gambas frescas peladas, cómprelas en semiconserva, ya que, por lo general, tienen un sabor agradable.

1 Derrita la mantequilla en un cazo; añada el zumo de limón, la macís o la nuez moscada, la pimienta de cayena, la hoja de laurel y la pasta o esencia de anchoas y cueza a fuego lento durante 2 minutos para que las especias desprendan su sabor. Retire el recipiente del fuego y deje que se entibie.

2 Incorpore las gambas en la preparación anterior y mezcle bien; salpimente. Introduzca la mezcla en el frigorífico y remuévala a menudo. Cuando la mantequilla empiece a cuajar, llene 4 cuencos o recipientes pequeños.

3 Si no va a servir el plato el mismo día, tape los recipientes con film de plástico y guárdelos en el frigorífico. Es importante no servirlos recién sacados del frigorífico, ya que la mantequilla tendría una textura demasiado dura como para poder extenderla y el sabor no sería tan agradable. Acompañe con pan moreno caliente y trozos o mitades de limón.

OTROS PESCADOS ADECUADOS: cangrejo, bogavante, gambas, salmón

Ensalada de pulpo y patatas con hinojo marino

PARA 4-6 RACIONES

1 pulpo limpio de 1-1,5 kg

125 g de hinojo marino, del que se
   habrán desechado los tallos
   duros

200 g de patatas nuevas, cocidas
   con su piel, peladas y cortadas
   por la mitad

30 g de alcaparras lavadas

para el líquido de cocción

$^{1}/_{2}$ cucharadita de semillas de hinojo

1 cucharadita de pimienta blanca

2 hojas de laurel

5 dientes de ajo picados
   en grandes trozos

2 cebollas pequeñas picadas
   en grandes trozos

2 tallos de apio picados
   en grandes trozos

1 vaso de vino blanco

1 limón cortado por la mitad

3 cucharadas de sal

para el aliño

5 cucharadas de aceite de oliva

el zumo de $^{1}/_{2}$ limón

1 cucharada de vinagre de vino
   blanco de calidad, por ejemplo,
   chardonnay o balsámico blanco

sal y pimienta blanca recién molida

Es una verdadera lástima que las ensaladas de marisco ya preparadas, que se comercializan tanto en los supermercados como en algunos restaurantes, tengan entre sus ingredientes pulpitos con sabor a goma. Cuando esta receta se prepara con ingredientes frescos es sencilla y apetecible. Seguramente, habrá oído que los pescadores griegos golpean a los pulpos contra las rocas para ablandarlos. No estoy demasiado seguro de que esa técnica sea efectiva, ya que es la cocción la que determina el grado de dureza. Los pulpos que se han cocido poco no son comestibles.

Aunque este método es sencillo, puede cocerlos sin líquido en una cacerola tapada con los condimentos durante el mismo tiempo. Si no encuentra pulpo fresco, puede comprarlo congelado.

1 Introduzca todos los ingredientes para la cocción en una cacerola grande con el agua suficiente para cubrir el pulpo; lleve a ebullición y cueza a fuego lento durante 15 minutos.

2 Incorpore el pulpo, lleve de nuevo a ebullición (quizás deba incorporar una tapa ligeramente más pequeña que la de la cacerola para mantener el pulpo sumergido durante la cocción), y cueza a fuego lento durante 50 minutos, u otros 10 minutos más si el pulpo pesa más de 1,5 kg. Déjelo enfriar en el líquido de cocción hasta el momento en que lo vaya a utilizar.

3 Escalde el hinojo marino en agua hirviendo con sal durante 30 segundos, escúrralo en un colador y refrésquelo bajo el grifo.

4 Prepare el aliño. Para ello, mezcle los ingredientes y salpimente.

5 Saque el pulpo de la cacerola y escúrralo sobre papel de cocina. Corte la bolsa y los tentáculos en trozos de 2-3 cm e introdúzcalos en un cuenco con el hinojo marino y las patatas nuevas. Salpimente y mezcle con la mitad del aliño.

6 Emplate, esparza por encima las alcaparras y vierta el resto del aliño.

OTROS PESCADOS ADECUADOS: *sepia, cigalas, bogavante, gambas, calamares*

Espaguetis con almejas

En Italia, las recetas de los *spaghetti alle vongole* varían tanto de región a región como entre un restaurante y otro. Algunos añaden guindilla fresca o seca y, en algunas ocasiones, pueden incorporar tomate; no obstante, yo prefiero la variante purista sin tomate y con un toque de guindilla. Pueden emplearse distintos tipos de almejas y algunas pueden llegar a tener un precio elevado. Para elaborar esta receta, utilice almejas de pequeño tamaño, ya que se cocinan con rapidez y quedan bastante tiernas. También puede emplear tallarinas y berberechos.

PARA 4 RACIONES

350-400 g de espaguetis

5 cucharadas de aceite de oliva virgen

4 dientes de ajo picados

2 vieiras grandes finamente picadas

$1/2$ cucharadita de guindilla seca

800 g de almejas (*véase* izquierda), bien lavadas bajo el grifo

2 cucharadas de perejil picado

3 cucharadas de vino blanco seco

sal y pimienta blanca recién molida

50 g de mantequilla

1 Cueza los espaguetis en agua hirviendo con sal hasta que estén *al dente*. Escúrralos.

2 Mientras cocina los espaguetis, caliente el aceite de oliva en una cacerola lo suficientemente amplia para que quepan las almejas y cueza a fuego lento el ajo, las escalonias y la guindilla durante 2-3 minutos o hasta que adquieran una textura blanda. Incorpore las gambas con el perejil y el vino blanco, salpimente, suba el fuego, tape la cacerola y cueza durante 4-5 minutos, moviendo el recipiente de vez en cuando hasta que las almejas se hayan abierto (las que no lo hayan hecho deben desecharse).

3 Añada la mantequilla y los espaguetis escurridos, remueva a fuego lento durante 1 minuto y sirva rápidamente.

Variante Esta receta se puede preparar con lo que tenga en la despensa, de modo que puede utilizar almejas en conserva. Compre una lata de almejas de calidad, enjuáguelas y añádalas al ajo y las escalonias cuando ya estén cocidos para calentarlas.

OTROS PESCADOS ADECUADOS: berberechos, mejillones, navajas

Ensaladas, salsas frías y aliños Las ensaladas de pescado resultan

ideales para una comida al aire libre en verano, tanto si se han preparado con un pescado asado a la barbacoa como con un pescado acabado de hervir acompañado de unas hojas de ensalada y unas yemas de espárragos, o de una ensalada de legumbres aliñadas con un buen aceite de oliva. La simplicidad y los ingredientes frescos son los secretos de una buena ensalada. Me gusta cultivar mis propias ensaladas, como la verdolaga, los berros y una combinación de *mesclun*, ya que están listas para cortar, lavar y servir. No es preciso cocinar el pescado destinado a una ensalada. En este sentido, si dispone de vieiras muy frescas, lo único que tiene que hacer es cortarlas, aliñarlas con aceite de oliva y zumo de limón, sazonarlas y servirlas.

Para preparar una *vinagreta (ilustración 1)* destinada a una ensalada de pescado, vierta en un frasco limpio 1 cucharada de vinagre de estragón de calidad, 2 cucharaditas de mostaza de Dijon, 1 diente de ajo pelado, 2 cucharadas de aceite de oliva y 2 cucharadas de aceite de semillas o maíz, además de sal y pimienta. Agite bien el frasco y deje reposar toda la noche a temperatura ambiente.

Para preparar una *mayonesa básica (ilustración 2)*, introduzca en un recipiente 2 yemas de huevo, 2 cucharaditas de vinagre de vino blanco, 1 cucharadita de mostaza inglesa, 2 cucharaditas de mostaza de Dijon, $1/2$ cucharadita de sal y un poco de pimienta blanca recién molida. Mezcle bien con una batidora de varillas e incorpore poco a poco 100 ml de aceite de oliva y 200 ml de aceite de semillas. Si la mayonesa queda demasiado espesa, añada unas gotas de agua y siga removiendo. Cuando haya incorporado todo el aceite, pruebe; rectifique de sal y añada un poco de zumo de limón.

La mayonesa puede condimentarse para conseguir diferentes sabores. Para los platos de pescado, puede añadir perejil, perifollo, cebollinos y estragón. Si añade albahaca, obtendrá una salsa para mojar tiritas de pescado, y si incorpora *wasabi* será ideal para los platos japoneses.

Los *aliños* adecuados para el pescado, como la vinagreta y la mayonesa, pueden realzarse con la adición de hierbas o algunos deliciosos vinagres. Mis favoritos son los vinagres españoles de cabernet sauvignon y chardonnay. Mezcle 1 parte de vinagre con 4 de aceite de oliva virgen *(ilustración 3)*.

Si le gusta experimentar con ingredientes *orientales* en sus ensaladas, mezcle un poco de ajo, jengibre y hierba limón con salsa de soja, vinagre de arroz, aceite de sésamo y cilantro picado *(ilustración 4)*.

Angulas

PARA 4 RACIONES

2 cucharadas de aceite de oliva

$\frac{1}{2}$ guindilla sin semillas

2 dientes de ajo picados

una nuez generosa de mantequilla

350-400 g de angulas vivas

1 cucharada de perejil picado

sal y pimienta negra recién molida

Las angulas, diminutas y casi transparentes, recorren un largo trayecto desde el mar de los Sargazos a las aguas donde nacieron sus padres. Incluso en algunas ocasiones el viaje dura tres años. Su precio es muy elevado, ya que las capturas son casi inexistentes, de modo que se han convertido en un alimento tan caro como las trufas. En algunos países, las angulas también se comercializan congeladas. En Gloucester, durante los meses de marzo y abril, en los restaurantes se llevan a cabo competiciones para comer angulas. El record se sitúa en 500 g en un minuto.

1 Caliente un poco el aceite de oliva en una sartén, junto con la guindilla y el ajo. Añada la mantequilla y cuando empiece a formar espuma incorpore las angulas y el perejil. Salpimente y cueza a fuego medio durante 1 minuto. Remueva de vez en cuando. Distribuya el contenido de la sartén en cuatro cazuelitas de barro individuales y sirva.

OTROS PESCADOS ADECUADOS: pescaditos minúsculos o pequeñas sepias y calamares

Huevas de arenque sobre tostadas

Las huevas blandas de arenque se comercializan generalmente congeladas, aunque, en algunas ocasiones, pueden encontrarse frescas en primavera y a principios de verano. Las congeladas dan buenos resultados, y, si se cocinan bien, es prácticamente imposible saber que no son frescas. También puede emplear huevas de bacalao, aunque tienen un sabor diferente.

1 Seque las huevas con papel de cocina. Caliente 50 g de mantequilla en una sartén de fondo grueso (o antiadherente). Sazone las huevas y cuézalas a fuego medio hasta que se doren. Durante la cocción reducirán su tamaño.

2 Mientras, tueste las rebanadas de pan por ambas caras. Cuando las huevas estén listas, distribúyalas sobre las tostadas. Derrita el resto de la mantequilla en la sartén, añada las alcaparras y el perejil y vierta sobre las huevas.

PARA 4 RACIONES
400-450 g de huevas de arenque
  blandas
150 g de mantequilla
sal y pimienta blanca recién molida
4 rebanadas gruesas de pan
  (de 1 $\frac{1}{2}$ cm)
60 g de alcaparras enjuagadas
  y escurridas
1 cucharada de perejil finamente
  picado

OTROS PESCADOS ADECUADOS: huevas de bacalao, de merluza, cocochas de rape o hígado de rape

Raya en gelatina de perejil

Se trata de una forma excelente de comer la raya fría a modo de almuerzo ligero durante un día de verano. Creo que se trata de una variante de pescado del clásico *jambon persillé*. La raya es rica en gelatina, que se encuentra tanto en la piel como en las espinas, por lo que vale la pena que la aproveche. Por si el pescadero ya la ha desechado, incorporo en la receta hojas de gelatina. Los puerros tiernos aliñados con una vinagreta de estragón y mostaza constituyen una guarnición deliciosa.

1 Corte las espinas de la raya con un cuchillo pesado e introdúzcalas en una cacerola con todos los ingredientes del caldo, incluidos la piel y los tallos de perejil. Lleve a ebullición y cueza a fuego lento durante 30 minutos. Luego pase la preparación por un colador fino dispuesto sobre una cacerola limpia.

2 Incorpore los filetes de la raya, tape con una hoja de papel sulfurizado, lleve de nuevo a ebullición y cueza a fuego lento durante 3-4 minutos. Añada el perejil, mezcle y deje reposar fuera del fuego durante 5 minutos.

3 Pase la raya y el líquido por un colador fino dispuesto sobre un cuenco. Vierta el líquido filtrado en la cacerola y cueza a fuego lento hasta que se haya reducido a la mitad.

4 Ponga en remojo la hoja de gelatina durante unos minutos hasta que se ablande, luego elimine la máxima cantidad de agua posible y deslía la gelatina en el caldo. Salpimente y deje enfriar.

5 Mientras, separe la carne de la raya en láminas (no demasiado pequeñas) e introdúzcalas en un recipiente con el perejil. Cuando el caldo esté frío, mézclelo con la carne y vierta la preparación en una fuente de servicio o en moldes individuales. Deje cuajar en el frigorífico.

6 Prepare el pepino encurtido, si lo desea. Para ello, mezcle todos los ingredientes y déjelos reposar durante 30-60 minutos.

7 Para servir, distribuya las hojas de ensalada en los platos. Saque la raya de los recipientes. Para ello, es conveniente pasar primero el fondo por agua caliente. Las porciones individuales se sirven enteras; en cambio, la preparación del molde se debe cortar. Coloque la raya junto a las hojas. Reparta el pepino encurtido, en caso de haberlo preparado.

PARA 4 RACIONES

800 g de raya sin piel y cortada
   en filetes (reserve las espinas
   y la piel para el caldo)
4 cucharadas de perejil picado
   (reserve los tallos para el caldo)
1 hoja (4g) de gelatina
sal y pimienta blanca recién molida
200 g de hojas pequeñas
   y variadas de ensalada

para el caldo
3 escalonias picadas
1 puerro pequeño limpio y picado
   en grandes trozos
1 cucharadita de semillas de hinojo
1 hoja de laurel
10 granos de pimienta blanca
4 cucharadas de vermut
1 l de caldo de pescado (*véase*
   pág. 52) o una pastilla de caldo
   de pescado de calidad, desleída
   en la misma cantidad de agua
   caliente

para el pepino encurtido (opcional)
1 pepino mediano cortado
   en dados de 3 mm
1 cucharada de vinagre de vino
   blanco de calidad
2 cucharadas de aceite de oliva
   virgen
2 cucharadas de eneldo picado

OTROS PESCADOS ADECUADOS: *anguilas, pintarroja*

Filetes de trucha marina con senderuelas

PARA 4 RACIONES

4 filetes de trucha marina, cada
uno de 160-180 g, con la piel
y sin escamas y espinas
sal y pimienta negra recién molida
aceite vegetal para freír
harina para enharinar (opcional)
2 cucharadas de aceite de oliva
3 escalonias grandes finamente
picadas
40 g de beicon o panceta
entreverada, finamente picados
125 g de senderuelas o rebozuelos
50 g de mantequilla
2 cucharadas de perejil picado

Aunque la trucha marina posee una textura ligeramente más delicada que el salmón, puede emplearse de la misma forma. Al igual que en el caso del salmón, el sabor del pescado salvaje y el de piscifactoría puede variar enormemente. La trucha marina que se encuentra en las pescaderías es generalmente salvaje y es difícil distinguirla del salmón, aunque también se comercializan variedades de piscifactoría. Su sabor es delicado y no precisa una cocción prolongada. Se trata del mismo pescado que la trucha de río, pero en un estado más avanzado de su vida. Tras un primer estadio en tierra, migra hacia el mar, donde desarrolla un brillo plateado en su piel, así como un metabolismo de agua salada. Estos hermosos peces pueden tener distintos tamaños. Las senderuelas son unas pequeñas setas silvestres de sabor delicado, pero intenso, que armonizan a la perfección con el de la trucha marina. Si no puede encontrarlas, sustitúyalas por rebozuelos.

1 Salpimente el pescado. Caliente el aceite vegetal en una sartén grande, preferiblemente antiadherente (o enharine ligeramente la piel del pescado) y fríalo primero por el lado de la piel durante 3-4 minutos por cada lado a fuego medio, de modo que quede ligeramente rosado en el centro y con la piel un poco crujiente.

2 Mientras, caliente el aceite de oliva en otra sartén y sofría las escalonias y el beicon durante 3-4 minutos sin que lleguen a dorarse. Incorpore las setas y la mantequilla, salpimente y continúe con la cocción a fuego lento otros 3-4 minutos o hasta que las setas adquieran una textura blanda.

3 Añada el perejil, caliente un minuto y vierta la preparación en platos calientes; coloque encima los filetes de pescado y sirva.

OTROS PESCADOS ADECUADOS: salvelino, trucha café, trucha arco iris grande, salmón

«*Gravadlax*»

Este delicioso plato de salmón curado con hierbas resulta ideal para cualquier fiesta o celebración, ya que puede prepararse hasta con una semana de antelación. Resulta ideal como entrante en una cena, aunque también puede servirse sobre rebanadas de pan de centeno a modo de sandwich abierto. De hecho, puede utilizarlo casi de la misma forma que el salmón ahumado, excepto para preparar huevos revueltos (*véase* pág. 17). Quizás le resulte difícil conseguir mostaza sueca, más dulce que las habituales. El lugar más obvio donde conseguirla, Ikea, ya no la comercializa. Puede utilizar mostaza americana al estilo francés o simplemente mostaza de Dijon. Si utiliza mostaza de Dijon para la salsa, incremente el azúcar a 2 cucharadas.

1 Extienda el filete de salmón sobre un film de plástico lo suficientemente amplio para envolver el pescado. Mezcle el azúcar, la sal, la pimienta y la cáscara de lima; cubra el pescado con la mezcla y déjelo reposar a temperatura ambiente durante 45 minutos.

2 Envuelva el pescado con el film de plástico de forma que quede bien sellado. Utilice más si fuese necesario. Coloque el pescado en una bandeja y refrigérelo durante 36 horas.

3 Desenvuelva el pescado y deseche el líquido que se haya formado; luego, extiéndalo sobre otro film de plástico. Espolvoréelo con la mitad del eneldo y extienda la mostaza y el resto del eneldo. Envuélvalo de modo que quede perfectamente apretado y guárdelo en el frigorífico durante 2-3 días antes de utilizarlo.

4 Prepare la salsa de eneldo y mostaza. Para ello, mezcle las dos mostazas y el azúcar; incorpore poco a poco el aceite, y, si la salsa resultara demasiado espesa, añada un poco de agua caliente. Incorpore el eneldo y salpimente al gusto.

5 Para servir, retire el plástico, y corte el pescado con un cuchillo para trinchar en lonchas de unos 5 mm de grosor formando un ángulo de unos 20 grados. Sirva unas 4 lonchas por persona, acompañadas de la salsa de mostaza.

PARA 6-8 RACIONES
COMO ENTRANTE

1 lomo de salmón de 1 kg, aproximadamente, sin las espinas

85 g de azúcar moreno blando o Demerara

65 g de sal de mesa o marina fina

$\frac{1}{2}$ cucharadita de pimienta blanca molida

la cáscara finamente rallada de 1 lima

75 g de eneldo fresco picado

75 g de mostaza sueca

para la salsa de eneldo y mostaza

1 cucharadita de mostaza de Dijon

125 g de mostaza sueca (*véase* izquierda)

2 cucharaditas de azúcar moreno blando Demerara

100 ml de aceite vegetal

un poco de agua caliente (opcional)

1 cucharada de eneldo picado

sal y pimienta negra recién molida

OTROS PESCADOS ADECUADOS: trucha marina, cualquier pescado blanco de carne firme

Ensalada de salmonetes e hinojo marino con vinagreta de tomate

PARA 4 RACIONES

150 g de hinojo marino

un poco de aceite de oliva para
   freír

4 filetes de salmonete, de unos
   115 g cada uno, sin espinas,
   cortados por la mitad

60 g de hojas pequeñas de
   ensalada, como verdolaga,
   espinacas tiernas, canónigos

para la vinagreta de tomate

1 cucharada de vinagre de estragón

1 tomate pequeño sin semillas
   y sin piel

4 cucharadas de aceite de oliva

sal y pimienta negra recién molida

El salmonete posee un sabor bastante fuerte que se asemeja a la caza. De ahí el término francés que lo designa, *bécasse de mer* (becada de mar). Se trata de un bonito pescado, cuyo precio va acorde con su aspecto. La cocción y la guarnición deben ser sencillas.

1 Caliente agua en una cacerola para escaldar el hinojo marino. Prepare el aliño. Para ello, mezcle el vinagre, el tomate y el aceite de oliva con 1 cucharada de agua. Incorpore todo y salpimente.

2 Caliente un poco de aceite de oliva a fuego medio en una sartén antiadherente. Salpimente los filetes de pescado y fríalos durante 1 $\frac{1}{2}$ minutos por lado, comenzando por el de la piel.

3 Mientras, escalde el hinojo marino durante 30 segundos en el agua hirviendo. Escúrralo en un colador.

4 Aliñe las hojas de ensalada, salpimente y emplate junto con el hinojo marino y el salmonete.

OTROS PESCADOS ADECUADOS: *pardete, lubina, mero, dorada, besugo, borracho*

Ensalada nizarda

PARA 4 RACIONES

1 diente de ajo pelado

150 g de habas pequeñas o judías
   tiernas cocidas

4 tomates maduros pelados

2 cebollas tiernas en rodajas
   finas

12 anchoas en lata y escurridas

24 aceitunas negras pequeñas

sal y pimienta negra recién molida

6 cucharadas de aceite de oliva
   virgen

1 cucharada de vinagre de estragón

300 g de atún en lata de calidad
   o preparado en casa (*véase
   derecha*)

2 huevos duros

8-10 hojas de albahaca cortadas
   por la mitad

Se trata de uno de los distintos platos «clásicos» que se presenta de varias formas. En algunas ocasiones, aparece como una mezcla de ingredientes relacionados o pensados con escaso cuidado, cuando sólo debe consistir en diversos productos de temporada bien sazonados y aliñados con estilo. Puede ser un plato tan simple como lujoso, pero debe reflejar su cálido origen. Las alcachofas pequeñas de calidad son, en la actualidad, fáciles de conseguir, al igual que el atún en aceite en lata; no obstante, si desea prepararlo usted mismo, elija ventresca y confítela lentamente con aceite de oliva y hierbas.

1 Unte con ajo el interior de un cuenco grande. Incorpore las habas, los tomates en trozos, las anchoas (enteras o partidas) y las aceitunas. Salpimente, añada dos tercios del aceite y del vinagre y mezcle bien.

2 Incorpore el atún y los huevos y mezcle con cuidado para no romper los ingredientes. Riegue con el resto del aceite y del vinagre y adorne con la albahaca.

OTROS PESCADOS ADECUADOS: salmón, pez espada, aguja

Atún soasado con ensalada de virutas de hinojo

El atún debe ser muy fresco. Debe poseer un color rojo vivo y no parecer descolorido ni poseer una textura blanda, ya que, en ese caso, la sangre se habría oxidado y su sabor sería amargo.

1 Unte con aceite una sartén de fondo grueso y caliéntela hasta que el aceite casi humee. Mientras, salpimente el atún y soáselo durante 30 segundos por todos los lados hasta que adquiera un poco de color. Refrigérelo hasta el momento de necesitarlo.

2 Si las hojas externas del hinojo son fibrosas, deséchelas. Corte los bulbos y retire el corazón. Con un cuchillo muy afilado, corte el hinojo en pequeños trozos e introdúzcalo en un cuenco. Mézclelo con algunas de las hojas reservadas, las semillas de hinojo, el vinagre y la mitad del aceite. Sazone, mezcle bien y deje reposar durante una hora.

3 Corte el atún en filetes muy finos y colóquelos sobre un lecho de virutas de hinojo. Mezcle los tomates picados con el resto del aceite y sirva.

PARA 4 RACIONES
COMO ENTRANTE
aceite vegetal para freír
400 g de atún muy fresco de calidad
sal y pimienta blanca recién molida
2 bulbos de hinojo pequeños
  (picar las hojas y reservarlas)
10 semillas de hinojo majadas
2 cucharadas de vinagre de
  chardonnay o de vinagre blanco
  de calidad mezcladas con 1
  cucharadita de azúcar blanquilla
2 cucharadas de aceite de oliva
2 tomates pelados sin semillas y
  cortados en dados para adornar

OTROS PESCADOS ADECUADOS: aguja, salmón, pez espada

4 pescados confortantes

«Kedgeree»

El plato indio denominado *khichri*, a base de arroz, lentejas y cebolla, ha ido evolucionando a lo largo del tiempo. El *kedgeree*, el famoso plato inglés, fue evolucionando a partir del antiguo plato campesino indio, para el que se utilizaban los restos de arroz y pescado.

El eglefino escocés ahumado es el más indicado para preparar *kedgeree*, ya que su suavidad combina a la perfección con la salsa y el arroz. No compre filetes de eglefino si poseen una tonalidad amarillenta, ya que no existe ningún proceso de ahumado natural con el que se obtenga este color. Puede incorporar algunas gambas, si desea cierto lujo en el plato.

1 En primer lugar, prepare la salsa. Para ello, derrita la mantequilla en una cacerola de fondo grueso y sofría ligeramente la cebolla, el ajo y el jengibre sin dejar que se doren. Incorpore todas las especias y mantenga en el fuego otro minuto para que los sabores se potencien. Vierta el caldo de pescado, lleve a ebullición y redúzcalo a la mitad. Incorpore la crema de leche y mantenga a fuego lento durante 15 minutos. Ligue la salsa en la batidora o robot hasta que quede homogénea y pásela por un colador fino. Rectifique la condimentación.

2 Cueza el arroz en abundante agua con sal durante unos 2-15 minutos o hasta que esté tierno. Escúrralo en un colador, incorpórelo en la cacerola, que habrá colocado fuera del fuego, y tape. De esta forma, el arroz absorberá toda el agua gracias a su propio vapor y adquirirá una textura ligera.

3 Para servir el *kedgeree*, caliente la salsa de curry e incorpore el eglefino ahumado cocido, el salmón y el cilantro. Introduzca el arroz en un cuenco, reparta el pescado con la salsa y los huevos. Adorne con gajos de lima o limón.

PARA 4 RACIONES

150 g de arroz basmati bien lavado

200 g de filetes de eglefino ahumado, sin espinas y ligeramente hervidos

150 g de filetes de salmón, pelados, sin espinas y hervidos

3 huevos duros pelados y picados

rodajas de lima o limón para adornar

para la salsa curry

30 g de mantequilla

1 cebolla grande finamente picada

1 diente de ajo picado

2 cucharaditas de jengibre finamente picado

$1/_2$ cucharadita de cúrcuma

$1/_2$ cucharadita de comino molido

$1/_2$ cucharadita de curry en polvo

$1/_2$ cucharadita de semillas de fenugreco (alhova) picadas

una pizca generosa de hebras de azafrán

100 ml de caldo de pescado (*véase* pág. 52) o $1/_2$ pastilla de caldo de pescado de calidad desleída en la misma cantidad de agua caliente

200 ml de crema de leche espesa

sal y pimienta negra recién molida

2 cucharadas de cilantro picado

OTROS PESCADOS ADECUADOS: pescados blancos ahumados o mezcla de pescados frescos y ahumados

Curry de pescado

PARA 4 RACIONES

600 g de filetes de pescado
de carne firme sin espinas
y cortados en trozos de 3-4 cm
sal y pimienta blanca recién molida
harina para enharinar
60 g de mantequilla clarificada o
ghee
3 cebollas picadas en grandes trozos
4 dientes de ajo grandes picados
1-2 cucharadas de jengibre picado
1 guindilla pequeña picada
1-2 cucharaditas de semillas de
comino
1-2 cucharaditas de fenugreco
1 cucharadita de comino molido
1 cucharadita de cúrcuma molida
una pizca de hebras de azafrán
1 cucharadita de curry en polvo
unas hojas de curry
1-2 cucharaditas de pimentón
1-2 cucharaditas de semillas de
mostaza
2 cucharaditas de tomate
concentrado
1 limón partido por la mitad
4 cucharadas de lentejas amarillas
partidas (*mung dhal*) puestas en
remojo durante 1 hora
1,3 l de caldo de pescado (*véase
pág. 52*) o una pastilla de caldo
de pescado de calidad desleída
en la misma cantidad de agua
caliente
2 cucharadas de hojas de cilantro
picadas
100 g de crema de coco
arroz basmati para acompañar

Cuando trabajaba en el Hotel Dorchester, en Park Lane, había un simpático equipo de mozos naturales de Bangladesh. Cada día preparaban un curry diferente para el almuerzo de su equipo. Nos pedían que les dejáramos pasar a la despensa, donde mezclaban sus propias especias, y nosotros les proporcionábamos pollo, carne, pescado u hortalizas.

No les gustaban los lenguados ni otros pescados semejantes. Sentían predilección por las cabezas de pescado, y con ellas preparaban un delicioso curry. Normalmente usaban cabezas de salmón, que troceaban, lavaban y cocinaban a fuego fuerte con bastante *ghee* (mantequilla clarificada), cebollas, ajo y especias durante una hora aproximadamente. El plato era delicioso. A menudo prefería su almuerzo al de nuestro equipo.

1 Salpimente los trozos de pescado y enharínelos ligeramente. Caliente la mitad de la mantequilla clarificada o *ghee* en una cacerola amplia de fondo grueso y fría el pescado a fuego fuerte hasta que esté ligeramente dorado. Retírelo con una espumadera y resérvelo.

2 Añada el resto de la mantequilla clarificada o *ghee* a la cacerola y sofría las cebollas, el ajo, el jengibre y la guindilla durante unos pocos minutos, hasta que empiecen a adquirir una textura blanda. Incorpore todas las especias y prosiga la cocción un par de minutos para que desprendan su aroma. Vaya removiendo a menudo. Incorpore el tomate concentrado, las mitades de limón, las lentejas escurridas y el caldo; lleve a ebullición, salpimente y cueza durante 1 hora a fuego lento.

3 Al cabo de 1 hora, las lentejas deben estar casi deshechas, con lo que habrán espesado la salsa; en caso contrario, cuézalas otros 15 minutos. Retire una taza de salsa de la cacerola e introdúzcala en la batidora hasta que adquiera una textura homogénea. Luego, viértala de nuevo en el recipiente.

4 Incorpore los trozos de pescado en la salsa y mantenga en el fuego otros 10 minutos. Añada el cilantro y la crema de coco y cueza otros 5 minutos. Rectifique la condimentación, si fuese necesario. Sirva acompañado de arroz basmati.

OTROS PESCADOS ADECUADOS: *cualquier pescado blanco de carne firme o marisco*

Brandada de bacalao

El bacalao salado se presta a diferentes tipos de cocción. Esta receta es francesa. Para su elaboración, el pescado se debe cocer y reducir a puré, junto con patatas y abundante ajo.

Para la preparación de esta receta, es preferible comprar lomos de bacalao sin espinas y sin piel. Las proporciones de la receta están pensadas para lomos de bacalao. Si utiliza una pieza entera, calcule el doble. Dos días antes de preparar el plato, ponga el pescado a remojar en abundante agua fría y cámbiela de 3 a 4 veces en 48 horas.

PARA 4 RACIONES
COMO ENTRANTE
300-350 g de bacalao salado en remojo (*véase* izquierda)
leche para hervir
1 cebolla picada
250 g de patatas harinosas troceadas
8 dientes de ajo picados en grandes trozos
100 ml de crema de leche espesa
sal y pimienta blanca recién molida
60 g de queso parmesano acabado de rallar
20 g de pan rallado
30 g de mantequilla derretida

1 Ponga a remojar el bacalao salado tal y como se ha indicado en la parte superior. Retire cualquier resto de espinas visibles con unas pinzas o un cuchillo afilado.

2 Escurra el pescado, introdúzcalo en una cacerola cubierto con la leche, lleve a ebullición y cueza a fuego lento durante 25-30 minutos. Retírelo con una espumadera y colóquelo en una fuente.

3 Caliente el horno a 180°C. Incorpore la cebolla y las patatas en la cacerola con la leche y colóquela de nuevo en el fuego. Cueza a fuego lento e incorpore el ajo cuando las patatas estén casi cocidas. Cueza a fuego lento hasta que estén totalmente cocidas. Escúrralas en un colador dispuesto sobre un cuenco y reserve el líquido.

4 Separe la carne del bacalao en láminas; deseche las pequeñas espinas. Mezcle en el robot la mitad del bacalao con un poco de la leche que ha reservado y la mezcla de patatas. Introduzca la preparación en un cuenco y añada el resto del bacalao y la crema. Salpimente y mezcle uniformemente.

5 Vierta la preparación en pequeñas fuentes individuales (por ejemplo, de barro, como las de la crema catalana) o en una grande. Mezcle el parmesano, el pan rallado y la mantequilla; esparza esta mezcla por encima y hornee durante 35-40 minutos o hasta que la superficie esté bien dorada.

OTROS PESCADOS ADECUADOS: cualquier pescado salado, incluidos los caseros

Pastelillos de pescado

PARA 4 RACIONES

325 g de filetes de pescado
   blanco sin restos de espinas

sal y pimienta blanca recién molida

325 g de patatas, peladas,
   cocidas y en puré (sin añadir
   leche o mantequilla)

$1/2$ cucharadita de esencia de
   anchoas

$1/2$ cucharadita de mostaza inglesa

2 cucharadas de perejil picado

harina para enharinar

aceite vegetal para freír

salsa de perejil para acompañar
   (*véase* pág. 28)

Los pastelillos de pescado constituyen una receta ideal a la hora de utilizar pescados económicos que generalmente no se emplean para freír o asar, aunque esta preparación también se puede elaborar con pescadilla o abadejo. Un poco de bacalao en la mezcla aporta un toque especial, mientras que el salmón proporciona color (también se puede añadir un poco de ketchup para realzar los sabores). Unas gotas de esencia de anchoas constituyen, por otra parte, un perfecto condimento.

1 Hierva el pescado en agua con sal durante 3-4 minutos (o en caldo de pescado si quiere emplearlo para preparar una salsa). Déjelo enfriar y separe la carne.

2 Mezcle la patata, la mitad del pescado, la esencia de anchoas, la mostaza, el eneldo, la sal y la pimienta hasta que estén bien ligados e incorpore el resto del pescado. Forme con la preparación 4 pastelillos redondos grandes, de unos 3 cm de grosor, u 8 pequeños y consérvelos en el frigorífico durante 1 hora.

3 Enharine ligeramente los pastelillos fríos y sacuda el exceso de harina. Fríalos en el aceite durante 3-4 minutos por cada lado hasta que estén bien dorados.

4 Sirva los pastelillos con la salsa de perejil.

Variantes Existen numerosas variantes de la preparación básica. Puede utilizar pescado ahumado para obtener unos pastelillos con mayor sabor. Para preparar pastelillos de pescado al estilo Bajun, utilice pescado salado y guindilla picada y, a continuación, rebócelos. Para preparar pastelillos tailandeses de pescado, utilice pescado crudo picado, no incorpore patata y añada galanga y guindilla picada, hojas tiernas picadas de hierba limón y salsa de pescado tailandesa. Para una variante más sofisticada, utilice cigalas o bogavante y sirva con salsa nantua (*véase* págs. 102-103). También puede preparar pequeños pastelillos para acompañar bebidas.

OTROS PESCADOS ADECUADOS: un amplio abanico de pescados frescos, ahumados o salados, además de marisco

Fritura Algunas de mis mejores experiencias con el pescado frito han tenido lugar en España, país donde se fríen pequeños pescados enteros, incluida la cabeza. Entre las especies más solicitadas se encuentran las pequeñas pescadillas, los salmonetes y la morralla. En la actualidad, en ciertos países europeos, la captura de algunos de estos pescaditos es ilegal, aunque en otros se considera que no vale la pena devolverlos al mar, ya que no sobrevivirían. En España se venden a restaurantes y bares de tapas para preparar frituras.

La mayoría de los filetes de pescado, así como los mariscos, son susceptibles de cortarse en trozos pequeños y freírse para obtener unos deliciosos bocaditos crujientes, que se pueden acompañar simplemente con rodajas de limón. En Japón, se sirven a modo de tempura y, en España, como pescaditos fritos.

El pescado fresco se beneficia de la fritura siempre y cuando éste se haya protegido con un empanado, ya que de lo contrario la alta temperatura del aceite cocería el pescado con demasiada rapidez. La cobertura, en cambio, permite que su delicada carne quede protegida, sellando a la vez su sabor y humedad natural.

La *fritura*, al contrario de lo que pueda parecer, y siempre que se realice de forma correcta, no constituye un medio de cocción poco saludable, ya que los alimentos absorben muy poca cantidad de aceite. Además, adquieren un sabor delicioso y una maravillosa textura que hace que se produzca un contraste entre la carne tierna y suculenta del interior y el exterior crujiente. Para freír correctamente, debe utilizar bastante aceite y éste debe mantenerse a la temperatura correcta. Mantener la temperatura constante es importante, por lo que no resulta adecuado incorporar al mismo tiempo muchos alimentos al aceite caliente. Es preferible freír por tandas.

Como regla general, la temperatura del aceite debe situarse en torno a los 160°C, como mínimo, y no superar los 180-190°C. (Muchos libros de cocina aconsejan introducir un dado de pan duro en el aceite, que deberá dorarse en 60 segundos.) Recuerde que si no utiliza una freidora nunca deberá dejar el aceite caliente sin vigilar, ya que puede encenderse si se calienta en exceso.

Una vez haya frito el pescado, escúrralo sobre papel de cocina para que absorba el exceso de aceite; sazónelo y resérvelo al calor, pero no lo tape, ya que la cobertura crujiente se ablandaría. Un horno a temperatura media con la puerta entreabierta resulta perfecto para conservar caliente el pescado.

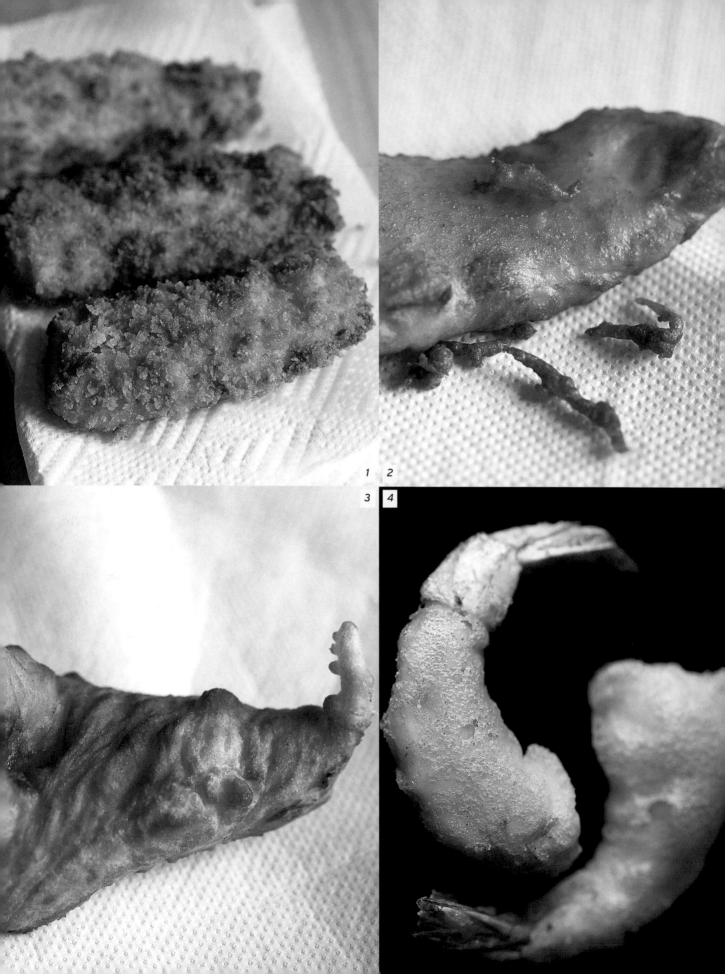

1 2
3 4

Empanar (ilustración 1) Se trata de un modo de fritura habitual para los pescados de carne poco firme, como, por ejemplo, la solla. El pescado debe secarse, salpimentarse, enharinarse y retirar el exceso de harina, pasarse a continuación por huevo batido y, finalmente, por pan rallado. Este último paso puede incluir variaciones, ya que al pan rallado se le puede añadir queso parmesano rallado o hierbas.

Pescado recubierto con una masa El pescado que se vaya a recubrir con una masa, en primer lugar, debe pasarse por harina de trigo o de maíz y, posteriormente, retirar el exceso de la misma.

Una *masa levada (ilustración 2)* proporciona una cobertura espesa que se mantiene una vez cocida. Para su preparación, debe disolver en un cuenco 4 g de levadura de panadero fácil de mezclar con un poco de leche y dejar reposar durante unos 10 minutos en un lugar caliente. Debe mezclar en un cuenco grande 250 ml de leche con 1 yema de huevo pequeña, 75 g de harina de trigo, 75 g de harina de maíz, una pizca de pimienta de cayena y $1/2$ de cucharadita de levadura en polvo, junto con la mezcla de levadura y sazonar. Se debe tapar y dejar reposar a temperatura ambiente durante $1\,1/2$-2 horas o hasta que la masa empiece a fermentar. Si la masa parece demasiado espesa, es preciso incorporar un poco más de leche o agua.

Para la elaboración de una *masa de cerveza (ilustración 3)* que combine con los pescados, debe tamizar 250 g de harina, mezclada con 250 ml de cerveza ligera. Una cucharada de aceite de oliva aporta brillo y una textura crujiente.

Para preparar una *masa de tempura (ilustración 4)*, debe batir muy bien 200 ml de agua helada con 50 g de harina y 50 g de fécula de patata con un poco de sal hasta que se obtenga una mezcla homogénea. No importa si quedan algunos grumos (si la masa es demasiado líquida, se endurecerá durante la fritura).

Los acompañamientos son interesantes. Para preparar una *salsa tártara* para 4 raciones, pique muy bien 25 g de pepinillos lavados y 25 g de alcaparras. Mezcle con $1/2$ cucharada de perejil picado y 4 de mayonesa (*véase* pág. 62). Añada zumo de limón, sal y pimienta negra recién molida.

Para preparar un *puré de guisantes a la menta* para 6-8 raciones, se deben calentar 25 g de mantequilla en una cacerola y sofreír 1 escalonia grande finamente picada hasta que adquiera una textura blanda. Posteriormente se deben añadir 400 g de guisantes congelados, 100 ml de caldo vegetal y 6-8 hojas de menta. Por último, se debe sazonar y cocer a fuego lento durante 10-12 minutos, ligar en la batidora o robot y rectificar la condimentación.

Especial de eglefino

PARA 4 RACIONES

2 patatas grandes

sal y pimienta blanca recién molida

150 g de filetes de eglefino sin
   piel y sin restos de espinas

aceite vegetal o de maíz para freír

harina para enharinar

masa levada (*véase* pág. 83)

puré de guisantes a la menta
   (*véase* pág. 83) y/o salsa
   tártara (*véase* pág. 83) para
   acompañar

Estos deliciosos caprichos se remontan a mi infancia. Sentía predilección por los buñuelos de patata preparados de esta forma, aunque cuando se añaden pequeñas láminas de pescado, se obtiene un plato sublime. Puede servir este plato a modo de canapés acompañados de unas bebidas.

1 Hierva las patatas con la piel en agua con sal durante 25 minutos. Déjelas enfriar.

2 Pele las patatas y córtelas en 16 discos de 1 cm de grosor. Corte el eglefino en láminas lo suficientemente grandes para poder colocarlas sobre las rodajas de patata, sazone y cubra el pescado con otra rodaja de patata. Presione firmemente estos bocaditos.

3 Mientras, caliente el aceite en una freidora o sartén honda (hasta media altura) hasta que alcance los 160°C. Sazone los bocaditos de patata, enharínelos ligeramente, páselos por la masa, deje caer el exceso de la misma y fríalos durante 4-5 minutos o hasta que estén dorados. Retírelos con una espumadera y colóquelos sobre papel de cocina para que escurran el exceso de aceite.

4 Sírvalos con puré de guisantes a la menta y/o salsa tártara.

OTROS PESCADOS ADECUADOS: *cualquier pescado blanco, como abadejo, merluza, rémol o limanda*

Eglefino ahumado con huevos escalfados y puré de col y patata

Ilustrado en la página anterior

PARA 4 RACIONES

unos 400 ml de leche para hervir

200 ml de caldo de pescado
   (*véase* pág. 52) o $1/2$ pastilla de
   caldo de pescado de calidad
   desleída en la misma cantidad
   de agua caliente

1 hoja de laurel

4 filetes de eglefino ahumado,
   cada uno de 160 g, sin restos de
   espinas

2 escalonias finamente picadas

300 ml de crema de leche espesa

1 cucharada de eneldo picado

4 huevos

una nuez de mantequilla

para el puré de col y patata

300 g de col rizada cortada
   en trozos de 2 cm

sal y pimienta blanca recién molida

6 cebollas tiernas cortadas
   en tiras

400 g de patatas harinosas
   cocidas y en puré

40 g de mantequilla, o un poco
   más, si fuese necesario

Se trata de una receta clásica para servir el eglefino ahumado, al que he aportado mi propio toque. No hay nada como una yema de huevo que fluye sobre un puré aterciopelado de col y patata. Se trata de una combinación típica irlandesa, en la que todos los ingredientes parecen complementarse.

1 Prepare el puré de col y patata. Para ello, cueza la col en agua hirviendo con sal durante 5-6 minutos o hasta que adquiera una textura blanda; no la cueza en exceso. Incorpore las cebollas tiernas y escáldelas durante 30 segundos. Escúrralas en un colador, haga un puré, junto con las patatas y la mantequilla, y salpimente. Reserve al calor en una cacerola tapada o deje enfriar y caliente en el microondas en el momento de servir.

2 Mientras prepara el puré, lleve a ebullición la leche y el caldo de pescado con la hoja de laurel. Incorpore el eglefino ahumado, lleve de nuevo a ebullición y cueza a fuego lento durante 3-4 minutos. Retire el pescado cuidadosamente con una espumadera e introdúzcalo en una fuente caliente. Tape con papel de aluminio y reserve al calor (puede colocarlo sobre las patatas).

3 Vierta la mitad del líquido de cocción en una cacerola limpia, incorpore las escalonias y lleve a ebullición rápidamente para reducir el líquido a dos tercios. Incorpore la crema de leche espesa y reduzca de nuevo a dos tercios o hasta que la salsa se espese. Rectifique la condimentación si fuese necesario, añada el eneldo picado y cueza a fuego lento otro minuto.

4 Mientras el líquido se reduce, escalfe los huevos hasta que el interior adquiera una consistencia blanda.

5 Distribuya el puré en platos calientes, parta cuidadosamente por la mitad los filetes de pescado y presiónelos ligeramente con el puré. Escurra los huevos con una espumadera y colóquelos entre dos trozos de eglefino. Termine la salsa. Para ello, bátala bien con una nuez de mantequilla, viértala sobre los huevos y sirva.

OTROS PESCADOS ADECUADOS: *cualquier pescado blanco ahumado*

Varitas de pescado

Aunque su preparación conlleva más trabajo que las tiritas de pescado congeladas, el esfuerzo vale la pena. Todos sabemos que tanto a los niños como a los mayores les encantan. Puede utilizar cualquier tipo de pescado blanco de carne firme o semifirme, desde el bacalao o el abadejo, hasta la merluza, e incluso el salmón.

1 Sazone los trozos de pescado. Extienda la harina en una fuente poco profunda, vierta el huevo batido en otra y el pan rallado en otra. Pase los trozos de pescado primero por la harina, luego por el huevo y, finalmente, por el pan rallado.

2 Caliente una cantidad generosa de aceite en una sartén de fondo grueso y fría los trozos de pescado unos 2 minutos por cada lado hasta que estén bien dorados. Escúrralos sobre papel de cocina y acompañe con puré de guisantes a la menta y/o salsa tártara.

PARA 4 RACIONES

500 g de filetes de pescado sin piel, sin espinas y cortados en 8 trozos de 2 x 8 cm, dependiendo del grosor de los filetes
sal y pimienta blanca recién molida
harina para enharinar
1 huevo grande batido
100 g de migas de pan rallado
aceite vegetal o de semillas para freír
puré de guisantes a la menta (*véase* pág. 83) y/o salsa tártara (*véase* pág. 83) para servir

OTROS PESCADOS ADECUADOS: cualquier pescado blanco de carne firme o semifirme o salmón

Ensalada de arenques

PARA 4 RACIONES

100 g de huevas de arenque blandas

sal y pimienta blanca recién molida

una nuez generosa de mantequilla

80 g de escarola

125 g de filetes de arenque
   curado o ahumado cortados
   en trozos de 2 cm

para el aliño

1 cucharada de vinagre de
   estragón de calidad

2 cucharaditas de mostaza de Dijon

1 diente de ajo pelado

2 cucharadas de aceite de oliva

2 cucharadas de aceite vegetal
   o de maíz

unas ramitas de estragón

sal y pimienta negra recién molida

para el paté de huevas de arenque

125 g de mantequilla a punto
   de pomada

125 g de huevas de arenque blandas

sal y pimienta de cayena

1 cucharada de crema de leche
   espesa

el zumo de $\frac{1}{2}$ limón

Las huevas de arenque se suelen servir fritas sobre tostadas de pan caliente untadas con mantequilla. Al igual que los higadillos de pollo y otros despojos, pueden formar parte de otros platos y preparaciones. Si se puede disfrutar de una ensalada de higadillos de pollo, no existe ninguna razón por la que no hacer lo mismo con unas huevas de arenque acompañadas de sus filetes.

1 En primer lugar, prepare el aliño. Para ello, introduzca todos los ingredientes en una botella limpia o frasco; agítelo bien y deje reposar a temperatura ambiente toda la noche.

2 Unas horas antes, prepare el paté de huevas de arenque. Para ello, derrita 30 g de mantequilla en una sartén, salpimente las huevas y saltéelas a fuego medio durante 3-4 minutos. Incorpore el resto de la mantequilla hasta que se haya derretido, introduzca la mezcla en un robot, añada la crema y ligue todo hasta obtener una mezcla homogénea.

3 Rectifique de sal y pimienta y añada el zumo de limón. Introduzca la mezcla en un cuenco y deje enfriar durante dos horas.

4 En el momento de servir, aliñe la escarola y distribúyala en los platos. Reparta el paté sobre la ensalada y distribuya las huevas calientes y los trozos de filete de arenque ahumado sobre las hojas.

Variantes Existen diversos modos de realzar el sabor de un paté de huevas de arenque. Puede incorporar eneldo picado, una o dos cucharadas de raiforte fresco rallado o unas alcaparras picadas. Asimismo, puede añadir un chorrito de pastis o Ricard.

OTROS PESCADOS ADECUADOS: rape, incluido el hígado y las cocochas

Anguilas en salsa verde

Las anguilas tienen sus seguidores. En Inglaterra, los aficionados a este plato se hallan en el East End de Londres, donde todavía pueden encontrarse tiendas de *eel and pie*, así como establecimientos donde se venden anguilas en gelatina. Las anguilas tienen un sabor fuerte, que cambia dependiendo del lugar donde se han criado y alimentado, por lo que vale la pena conocer su procedencia. Las anguilas medianas de hasta 1,5 kg son perfectas para cocinar. El pescadero puede quitarles la piel y prepararlas. Las anguilas en salsa verde son un plato clásico en Europa, aunque ya no aparecen en muchos menús. Disfruté de una estupenda variante de esta receta en una vieja brasería de Bruselas. Tras regresar a casa, decidí experimentar con este pescado.

PARA 4 RACIONES

1,5 kg de anguilas vivas, sin piel, limpias y sin cabeza

1 l de caldo de pescado (*véase* pág. 52) o una pastilla de caldo de pescado de calidad desleída en la misma cantidad de agua caliente

4 escalonias picadas a grandes trozos

1 hoja de laurel

3 cucharadas de vino blanco

3 cucharadas de vermut

sal y pimienta blanca recién molida

400 ml de crema de leche espesa

100 g de berros (desechar los tallos duros)

30 g de perejil (desechar los tallos)

15 g de perifollo (desechar los tallos)

una nuez generosa de mantequilla

1 Corte las anguilas en trozos de 3-4 cm y lávelas bien. Introdúzcalas en una cacerola con el caldo de pescado, las escalonias, la hoja de laurel, el vino blanco y el vermut. Salpimente. Lleve a ebullición y cueza durante 10-15 minutos. Retire las anguilas del líquido de cocción con una espumadera y resérvelas.

2 Reduzca el líquido de cocción a dos tercios y añada la crema de leche espesa. Lleve de nuevo a ebullición y cueza a fuego lento hasta que se haya reducido a la mitad y se haya espesado.

3 Incorpore los berros, el perejil y el perifollo y cueza a fuego lento durante 3 minutos. Ligue la salsa en la batidora hasta que adquiera una textura homogénea y pásela por un colador fino dispuesto sobre un cazo limpio. La salsa debe haber adquirido bastante consistencia; en caso contrario, redúzcala unos minutos hasta que se espese.

4 Rectifique la condimentación si fuese necesario, y añada la mantequilla y las anguilas. Cueza a fuego lento durante 2-3 minutos para que se caliente y acompañe con patatas hervidas o puré de patatas.

OTROS PESCADOS ADECUADOS: rape, pintarroja

Vieiras con morcilla, rebozuelos y muselina de patatas

La idea de servir vieiras con morcilla puede parecer extravagante; sin embargo, muchos mariscos combinan a la perfección con carne, como el clásico plato de ostras con salchicha especiada. La calidad de la morcilla resulta esencial, ya que no sería lógico servir una delicada carne de vieiras con una morcilla negra con sabor a serrín. Para este plato, yo prefiero las morcillas españolas, ya que su textura complementa la carne de las vieiras.

1 Derrita 80 g de mantequilla en una sartén hasta que empiece a formar espuma, pero no la deje dorar. Incorpore el ajo y los rebozuelos, salpimente y sofría a fuego lento durante 2-3 minutos o hasta que adquieran una textura blanda. Añada el perejil y retire del fuego.

2 Mientras, unte ligeramente con aceite una sartén antiadherente o de hierro colado y caliéntela a fuego medio alto. Salpimente las vieiras y déjelas un minuto por cada lado. Retírelas de la sartén y manténgalas calientes; mantenga la morcilla en la sartén un minuto por cada lado.

3 Caliente el puré de patatas, retírelo del fuego, mézclelo con el resto de la mantequilla y la crema y sazone. La preparación debe poseer la consistencia de una salsa, por lo que debe poderse verter con una cuchara.

4 En el momento de servir, distribuya las patatas en platos calientes, disponga encima, y alternándolas, las vieiras y la morcilla y reparta las setas y la mantequilla.

PARA 4 RACIONES

120 g de mantequilla

1 diente de ajo pequeño picado

125 g de rebozuelos pequeños
secados en un trapo húmedo

sal y pimienta blanca recién molida

1 cucharada de perejil picado

aceite de oliva para freír

12 vieiras medianas, sin las
valvas, lavadas y secadas con
papel de cocina

12 rodajas de morcilla de 1 cm
de grosor

200 g de patatas harinosas,
peladas, cocidas y reducidas
a puré

3 cucharadas de crema de leche
espesa

OTROS PESCADOS ADECUADOS: cigalas, bogavante, calamar

Centollo especiado horneado

1 centollo grande cocido, o
   cangrejo de mar, de 1,5-2 kg

200 g de carne marrón extra
   de cangrejo

1 diente de ajo picado

10 g de jengibre fresco pelado y
   finamente picado

$^1/_2$ guindilla sin semillas y
   finamente picada

115 ml de aceite de oliva

3 cucharadas de jerez

3 cucharadas de caldo de pescado
   (*véase* pág. 52) o un poco de
   pastilla de caldo de pescado
   de calidad desleída en la misma
   cantidad de agua caliente

50 g de pan rallado

el zumo de $^1/_2$ limón

sal y pimienta negra recién molida

tostadas finas de pan para
   acompañar

¡Si de niño hubiese sabido lo que hacía cuando devolvía al agua lo que consideraba unos feos cangrejos! Mi amigo Nigel, que realiza redes de pesca por encargo, algunas veces prepara conserva de centollo y también discrimina a los ejemplares feos. Sin embargo, en lugar de devolverlos al mar se los vende a una empresa que, a su vez, los exporta a España. Allí degusté un plato similar a éste en una marisquería de Sant Feliu de Guíxols, una localidad cerca de Palamós, en la Costa Brava.

Para cocer en casa un centollo, sumérjalo en agua por debajo del punto de ebullición y cuézalo unos 7 minutos por cada 500 g de peso.

1 Para retirar la carne del centollo, retuerza las patas y las pinzas, ábralas y retire la carne blanca. Coloque el cuerpo sobre su dorso y retuerza el puntiagudo peto. Introduzca la punta de un cuchillo de mesa entre el caparazón y el lugar donde se encontraban unidas las patas y mueva la hoja para separarlos, luego retire el cuerpo separándolo del caparazón. Retire la carne marrón situada en el caparazón y resérvela con la de las patas y pinzas. Retire la bolsa estomacal, así como las agallas adheridas al cuerpo, y deséchelas. Corte el cuerpo por la mitad con un cuchillo pesado. Retire con paciencia la carne blanca albergada en las cavidades del cuerpo. Incorpórela al resto de la carne. Limpie y reserve el caparazón si desea utilizarlo para servir.

2 Sofría a fuego lento la cebolla, el ajo, el jengibre y la guindilla en 2 cucharaditas del aceite hasta que adquieran una textura blanda. Incorpore el jerez, el caldo de pescado y la carne marrón de cangrejo; mezcle y añada la mayor parte del pan rallado (el resto para espolvorear), la mitad del zumo de limón y los condimentos. Cueza a fuego fuerte y poco después a fuego lento durante unos 15 minutos, dando vueltas de vez en cuando.

3 Caliente el grill. Ligue en la batidora o robot un tercio de la preparación con el resto del aceite de oliva. Después, mezcle con la carne de centollo. Añada más zumo de limón y sal y pimienta, si fuese necesario.

4 Introduzca la preparación en el caparazón o en una pequeña fuente refractaria y esparza por encima el pan rallado. Dore en el grill. Acompañe con tostadas.

OTROS PESCADOS ADECUADOS: cangrejo de mar

Hamburguesas de langostinos

PARA 4 RACIONES

550 g de langostinos o gambas
  pelados y sin el intestino

150 g de pescado de carne firme
  sin espinas y sin piel

½ manojo de cebollas tiernas,
  finamente picadas

1 cucharadita de salsa Worcester

3 cucharadas de mayonesa

una pizca de pimienta de cayena

sal y pimienta negra recién molida

pan rallado para empanar

aceite vegetal para freír

4 panecillos para hamburguesas

para la salsa tártara especiada

3 cucharadas de mayonesa de
  calidad (*véase* pág. 62)
  preparada

20 g de alcaparras picadas

20 g de pepinillos picados

4-5 gotas de salsa tabasco

Encontré esta receta en la revista gastronómica americana *Saveur* y desde entonces la he preparado en diversas ocasiones.

1 Introduzca los langostinos, junto con el pescado blanco, en el robot y mezcle hasta obtener un puré consistente. Introdúzcalo en un cuenco con el resto de los ingredientes, excepto el pan rallado; mezcle bien y salpimente. Prepare una pequeña bola con la preparación, pásela por el pan rallado y fríala en un poco de aceite para comprobar la condimentación. Rectifíquela si fuese necesario.

2 Divida el resto de la masa en 4 hamburguesas un poco más grandes que los panecillos y refrigérelas durante 30-40 minutos.

3 Mientras, prepare la salsa tártara especiada. Para ello, mezcle todos los ingredientes.

4 Caliente el aceite en una freidora a 170°C. Pase las hamburguesas por el pan rallado, presionando bien, y fríalas en el aceite durante 4-5 minutos o hasta que se doren.

5 Mientras, tueste ligeramente los panecillos, úntelos con un poco de la salsa tártara e introduzca las hamburguesas.

Variante Para consumir un pescado de calidad de forma diferente alrededor de una barbacoa mientras charla con los amigos, pique atún fresco (incluya un poco de ventresca grasa), sazónelo, forme hamburguesas y manténgalas en la barbacoa hasta que el exterior esté dorado y el interior jugoso. Luego sírvalas con panecillos de hamburguesa untados con salta tártara o una mezcla de 2 partes de ketchup con 1 parte de mostaza americana dulce.

OTROS PESCADOS ADECUADOS: pescados de carne firme, como mero o besugo, y la mayoría de crustáceos

«Fritto misto di mare»

1 Caliente el aceite para freír a 160-180°C. Caliente también el horno. Salpimente la harina e introdúzcala en un plato hondo. Vierta la leche en otro cuenco y prepare un tercer recipiente para cuando el pescado esté listo. Pase los trozos de pescado en primer lugar por la harina, luego por la leche y, finalmente, por la harina. Elimine el exceso de harina e introduzca el pescado en el tercer recipiente.

2 Fría algunos trozos de pescado, gambas y calamar durante 3-4 minutos o hasta que estén dorados de manera uniforme. Retírelos del aceite con una espumadera y escúrralos sobre papel de cocina. Repita la operación con el resto del pescado. Mantenga la fritura en el horno caliente hasta que acabe de freír.

3 Acompañe con las rodajas de limón.

PARA 4 RACIONES
COMO ENTRANTE
aceite vegetal para freír
harina para enharinar
sal y pimienta de cayena
leche
300 g de filetes de pescado, sin restos de espinas y cortados en trozos regulares, o morralla
200 g de gambas crudas peladas, sin el intestino
200 g de anillos de calamar
rodajas de limón, para servir

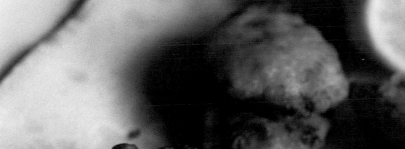

OTROS PESCADOS ADECUADOS: la mayoría de pescados de carne firme, vieiras

Pastel de pescado

Un pastel de pescado constituye un plato reconfortante. Puede preparar el pastel el día anterior y conservarlo en el frigorífico durante la noche. La receta básica puede variarse de acuerdo con los pescados disponibles, así como con sus gustos, aunque es interesante incluir un pescado ahumado. A excepción del salmón, es preferible evitar otros pescados grasos. La capa exterior de puré de patatas también es susceptible de enriquecerse con más queso, hierbas o incluso azafrán para aportar cierto toque de lujo.

1 Lleve a ebullición el caldo de pescado y el vermut en una cacerola grande. Incorpore la cebolla y el hinojo y cueza a fuego lento durante 8 minutos. Añada el pescado y las gambas y déjelas cocer durante 2 minutos. Escúrralas en un colador dispuesto sobre un cuenco, reserve el líquido de cocción y déjelo enfriar.

2 Para preparar la salsa, derrita la mantequilla en una cacerola de fondo grueso a fuego lento; mézclela con la harina y cueza a fuego lento durante 1 minuto. Vaya incorporando poco a poco el líquido reservado anteriormente, removiendo bien hasta que la textura sea homogénea. Lleve a ebullición y mantenga a fuego lento durante 30 minutos. Incorpore la crema de leche y mantenga a fuego lento durante 10 minutos o hasta que la salsa se haya espesado. Mézclela con la mostaza y la esencia de anchoas. Salpimente y deje enfriar unos 15 minutos.

3 Mezcle con cuidado la salsa con el pescado cocido, las gambas, el hinojo, la cebolla y las hierbas. Introduzca la preparación en una fuente grande apta para el horno o en varios platos pequeños para hornear hasta llegar a unos 3 cm del borde. Deje reposar durante 30 minutos.

4 Mientras, caliente el horno a 180°C y mezcle la mantequilla con el puré de patatas y añada un poco de leche para poder extender la preparación con una manga pastelera o con una espátula.

5 Hornee durante 30 minutos. Esparza por encima el pan rallado y el queso y hornee de nuevo durante 10-15 minutos más o hasta que la superficie esté dorada.

PARA 4-6 RACIONES

500 ml de caldo de pescado (*véase* pág. 52) o una pastilla de caldo de pescado de calidad, desleída en la misma cantidad de agua caliente

2 cucharadas de vermut seco

1 cebolla grande finamente picada

1 bulbo de hinojo sin el corazón y finamente picado (opcional)

250 g de filetes de pescado blanco, como, por ejemplo, abadejo, sin piel y sin espinas y cortados en trozos de 3 cm

175 g de filetes de salmón, sin piel y sin espinas y cortados en trozos de 3 cm

175 g de filetes de pescado ahumado, sin piel y sin espinas y cortados en trozos de 3 cm

150 g de gambas pequeñas crudas o medianas peladas (opcional)

2 cucharadas de hierbas variadas, como perejil, eneldo y perifollo

60 g de mantequilla

1,5 kg de patatas cocidas y en puré

un poco de leche

20 g de pan rallado

20 g de queso parmesano

para la salsa

50 g de mantequilla

50 g de harina

175 ml de crema de leche espesa

2 cucharaditas de mostaza de Dijon

1 cucharadita de esencia de anchoas

sal y pimienta blanca recién molida

OTROS PESCADOS ADECUADOS: cualquier pescado excepto los de sabor demasiado fuerte, como el atún

Paella

PARA 4 RACIONES

500 g de muslos de pollo o
    conejo, cortados en trozos
    pequeños sin deshuesar

sal y pimienta negra recién molida

4 cucharadas de aceite de oliva

1 cebolla grande finamente picada

4 dientes de ajo picados

2 cucharaditas de tomillo picado
    a grandes trozos

60 g de salchichas en pequeños
    trozos

1 cucharadita de hebras de
    azafrán o azafrán molido

1 cucharada de tomate concentrado

200 g de arroz bomba

700 ml de caldo de pollo

700 ml de caldo de pescado
    (*véase* pág. 52) o una pastilla de
    caldo de pescado de calidad,
    desleída en la misma
    cantidad de agua caliente

16 cigalas o gambas crudas con
    las cabezas

300 g de mejillones lavados y
    limpios (deseche aquellos que
    no se cierren con el tacto)

150 g de guisantes frescos o
    congelados y hervidos en agua
    con sal con un poco de azúcar

150 g de habas frescas
    o congeladas cocidas
    en agua con sal

¿Qué ingredientes debe llevar una paella? Depende, en gran parte, tanto del lugar donde la coma como del tipo de carne y pescado o marisco disponible. Algunas de las paellas más deliciosas en ocasiones no presentan un color demasiado atractivo y se degustan en los lugares menos pensados. Yo mismo he disfrutado de algunas de mis mejores paellas con conejo y caracoles en lugares no accesibles en automóvil. Los restaurantes españoles preparan las paellas con los ingredientes que encuentran disponibles en el mercado local.

1 Caliente el horno a 200°C. Salpimente el pollo o el conejo y dórelo con la mitad del aceite de oliva durante 30-40 minutos.

2 Sofríalo en una paella con el resto del aceite, la cebolla, el ajo y el tomillo hasta que adquieran una textura blanda.

3 Incorpore el azafrán, el tomate concentrado y el arroz y mezcle bien. Vierta la mitad del caldo de pollo y de pescado, junto con los trozos de pollo (y su jugo). Remueva y salpimente.

4 Tape la paella y déjela hornear durante 15 minutos. Durante la cocción, remuévala en dos ocasiones. Incorpore las cigalas, los mejillones, los guisantes y las habas, junto con el resto del caldo. Remueva para que los ingredientes se mezclen, tape e introduzca la paella de nuevo en el horno otros 10 minutos o hasta que los mejillones se hayan abierto (deseche los que no lo hayan hecho).

5 Retire la paella del horno. Debe quedar un poco caldosa. Si no fuera así, añada el resto del caldo y remueva a fuego lento durante dos minutos.

6 Sirva la paella en el mismo recipiente de cocción.

OTROS PESCADOS ADECUADOS: almejas, berberechos, bogavante, langostinos

Pasteles de pollo y cangrejos de río

PARA 4 RACIONES

24 colas de cangrejos de río

sal y pimienta blanca recién molida

500 g de muslos de pollo
deshuesados y sin piel, partidos
por la mitad

un poco de harina de maíz (opcional)

1 cucharada de perejil picado

$^1/_2$ cucharada de hojas de
estragón picadas

350-400 g de pasta de hojaldre
extendida y de 5 mm de grosor

1 huevo batido para glasear

para la salsa nantua

4 escalonias picadas en grandes
trozos

Los cangrejos de río pueden resultar bastante desabridos. Sin embargo, con una salsa cremosa y consistente como la nantua se obtiene un sabor pronunciado que armoniza con el pollo. Puede sustituir los muslos de pollo por pechugas, aunque tendrán una textura más seca. Si no dispone de cangrejos de río frescos, utilice bogavante, cola de langosta, cigalas o incluso colas de cangrejo de río en salmuera. En este último caso, tendrá que preparar el doble de salsa.

1 Para cocer los cangrejos, lleve a ebullición agua con sal en una cacerola grande; incorpore los cangrejos y cueza a fuego lento durante 3 minutos. Retírelos del agua y sumérjalos en agua helada. Extraiga la carne del caparazón y de las pinzas, si son grandes, y resérvela. Rompa a trozos las cáscaras con un cuchillo pesado y resérvelas para la salsa.

2 Para preparar la salsa nantua, sofría en una cacerola de fondo grueso, dispuesta a fuego medio, los caparazones de los cangrejos con las escalonias y el ajo, hasta que empiecen a adquirir color. Añada la mantequilla y la harina y remueva. Incorpore el azafrán, el estragón y el tomate concentrado y mezcle. Vierta poco a poco el vino y el caldo, lleve a ebullición, baje el fuego y cueza a fuego lento unos 10 minutos o hasta que el líquido se haya reducido a la mitad. Incorpore la crema, sazone ligeramente, lleve a ebullición y cueza a fuego lento durante unos 30 minutos o hasta que la salsa se haya reducido a la mitad y adquiera una consistencia espesa.

3 Pase la salsa por un colador fino y haga presión sobre los caparazones, ayudándose de una cuchara, para asegurarse de que la salsa pasa por el colador. Retire un 10 % de los caparazones y ligue con la salsa en la batidora o robot. Pase por un colador fino.

4 Lleve de nuevo la salsa a ebullición e incorpore los muslos de pollo, que deben cocerse durante 5 minutos. Retírelos con una espumadera y resérvelos.

5 La salsa debe adquirir una consistencia espesa. Si no es así, manténgala durante más tiempo en el fuego o deslía un poco de harina de maíz en agua fría y líguela con la salsa. Déjela enfriar.

6 Incorpore el pollo, los cangrejos, el perejil y el estragón. Rectifique la condimentación, si fuese necesario, y llene 4 moldes individuales o uno grande, hasta llegar a 1 cm del borde.

7 Corte círculos de pasta unos 2 cm más grandes que el diámetro de los moldes. Pinte los extremos de la pasta con un poco de huevo batido. Introduzca la pasta en los moldes con el lado pintado con el huevo contra el molde y presione bien para que la pasta se adhiera. Practique un pequeño corte en la pasta para que pueda salir el vapor durante la cocción y píntela con el huevo batido. Deje reposar en un lugar frío durante 30 minutos.

8 Caliente el horno a 200°C. Hornee los pasteles durante 40-50 minutos o hasta que la pasta esté dorada.

1 diente de ajo picado
aceite vegetal para freír
una nuez generosa de mantequilla
1 cucharada de harina
una pizca generosa de hebras de azafrán
unas ramitas de estragón
1-2 cucharadas de tomate concentrado
4 cucharadas de vino blanco
300 ml de caldo de pescado caliente (*véase* pág. 52) o ½ pastilla de caldo de pescado de calidad desleída en la misma cantidad de agua caliente
350 ml de crema de leche espesa
sal y pimienta negra recién molida

OTROS PESCADOS ADECUADOS: cigalas, bogavante, gambas

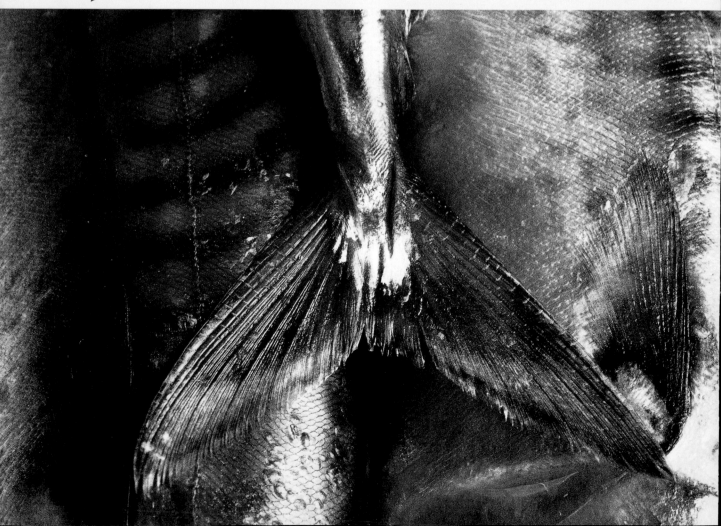

5 *pescados* saludables

Caballa soasada con hojas chinas salteadas

La caballa debe consumirse como máximo dos días después de su captura. Soy consciente de que es bastante violento preguntar al pescadero sobre la frescura de sus productos. Cuando era niño, pescaba muchísimas caballas en el malecón del puerto para usarlas como cebo. Cuando me acostumbré a comerlas, su sabor era tan bueno como podría esperarse de un pescado fresco. Desde entonces, aprecio estos carroñeros marinos.

De las hojas chinas destaca que son muy tiernas, incluso sus tallos. En los comercios especializados en productos orientales se encuentran varios tipos. Para esta receta, se pueden emplear diferentes variedades.

1 Caliente 2 cucharadas de aceite de sésamo en un *wok* o sartén de fondo grueso y sofría el ajo, la pimienta de Sichuan, el jengibre y las cebollas tiernas a fuego lento hasta que desprendan su aroma. Suba la potencia del fuego e incorpore las hojas, sin dejar de remover, durante un minuto. Vierta la salsa de soja, mezcle bien y reserve al calor mientras cuece la caballa.

2 Practique 4 o 5 cortes a lo ancho en los filetes de caballa ayudándose de un cuchillo afilado. Salpimente los filetes, enharínelos ligeramente y retire el exceso de harina con las manos.

3 Caliente el resto del aceite de sésamo, junto con el vegetal, en una sartén antiadherente y fría los filetes a fuego medio durante 2-3 minutos por cada lado, empezando por el lado de la piel.

4 Distribuya las hojas en platos que habrá calentado con anterioridad y coloque encima la caballa con la piel hacia arriba.

PARA 4 RACIONES

3 cucharadas de aceite de sésamo

2 dientes de ajo picados

$\frac{1}{2}$ cucharadita de pimienta de Sichuan

un trozo pequeño de jengibre fresco, pelado y en tiritas finas

4-5 cebollas tiernas cortadas en 4 trozos en diagonal

500 g de hojas chinas, como *pak choy*, con las hojas separadas de los tallos

1 cucharada de salsa de soja clara

4 filetes grandes de caballa, cada uno de 140-160 g, u 8 pequeños sin restos de espinas

sal y pimienta negra recién molida

harina para enharinar

1 cucharada de aceite vegetal

OTROS PESCADOS ADECUADOS: la mayoría de pescados

Arenques con col alsaciana

PARA 4 RACIONES

4 filetes de arenque grandes,
  cada uno de 125-150 g, u 8
  pequeños, sin escamas, limpios
  y sin restos de espinas
sal y pimienta blanca recién molida
harina para enharinar
aceite vegetal para freír

para la col alsaciana

1 cucharada de aceite de oliva
1 cebolla en rodajas finas
4 bayas de enebro picadas
$1/2$ cucharadita de semillas de
  alcaravea
1 col blanca pequeña, de 700 g -1kg,
  en tiras
una nuez generosa de mantequilla
  (opcional)
sal y pimienta negra recién molida
2 cucharadas de vinagre de vino
  blanco de calidad, por ejemplo,
  chardonnay
250 ml de caldo de pollo o
  vegetal (o $1/2$ pastilla de caldo de
  calidad desleída en la misma
  cantidad de agua caliente)

para el aliño

1 cucharada de vino blanco
  de calidad, por ejemplo,
  chardonnay
1 cucharadita de mostaza de Dijon
2 cucharaditas de mostaza en grano
$1/2$ cucharadita de azúcar
2 cucharadas de aceite de maíz
2 cucharadas de aceite de oliva
$1/2$ cucharada de eneldo picado

Puesto que el arenque es un pescado graso, el mejor método para cocinarlo consiste en asarlo a la parrilla o freírlo. Si ha comido chucrut de pescado, reconocerá este tipo de col. Es apropiada para acompañar pescados grasos como el arenque, ya que atenúa su sabor graso y lo hace más digerible. Si no le preocupa demasiado que el plato no sea tan saludable, puede añadir unas cucharadas de crema de leche a la col al finalizar la cocción y conservar en el fuego hasta que la col haya absorbido toda la crema.

1 Prepare la col. Para ello, caliente el aceite de oliva en una cacerola de fondo grueso y sofría a fuego lento la cebolla con las bayas de enebro y la alcaravea unos minutos, hasta que la cebolla adquiera una textura blanda. Incorpore la col y la mantequilla, en caso de que la emplee. Salpimente y cueza otros 5 minutos con el recipiente tapado, removiendo de vez en cuando. Vierta el vinagre y el caldo, suba un poco la potencia del fuego y prosiga la cocción otros 5 minutos, removiendo de vez en cuando hasta que el líquido se haya evaporado y la col ablandado. Tape y cueza a fuego lento durante 15-20 minutos, removiendo a menudo hasta que la col esté tierna. Si quedara líquido, destape y cueza un poco más hasta que se haya evaporado. Rectifique la condimentación si fuese necesario.

2 Mientras se cuece la col, prepare el aliño. Para ello, mezcle el vinagre con las dos mostazas y el azúcar y vierta el aceite sin dejar de remover. Salpimente e incorpore el eneldo.

3 Salpimente los filetes de arenque y enharine ligeramente la cara de la piel, retirando el exceso con las manos. Caliente un poco de aceite en una sartén antiadherente y fría los filetes de arenque unos 3 minutos por cada lado, empezando por el de la piel, que situará debajo dejando que ésta quede crujiente, pero sin quemarla.

4 Para servir, distribuya la col en platos y disponga encima los filetes de arenque. Vierta el aliño y sirva.

OTROS PESCADOS ADECUADOS: cualquier pescado graso

Sardinas al grill con ensalada Essaouira

La ensalada es típica del muelle de Essaouira, que se halla en la costa atlántica marroquí. Combina a la perfección con pescados grasos como la sardina o la caballa, ya que la acidez del limón en conserva atenúa el sabor graso del pescado de forma refrescante. Puede adquirir los limones en conserva en los establecimientos especializados en productos magrebíes. *Ras el hanout* es una mezcla de especias marroquí de sabor complejo, cuyos ingredientes varían dependiendo de dónde se adquiere, aunque, por lo general, incorpora jengibre, comino, anís, canela, nuez moscada, clavos, cardamomo, macís y cúrcuma, junto con flores secas picadas, como la rosa y la lavanda. Puede adquirirla en establecimientos especializados.

1 Corte los pimientos en 4 trozos a lo largo, retire las membranas y las semillas y colóquelos sobre el grill. Áselos en el grill con la piel hacia arriba unos 10 minutos o hasta que la piel esté tostada y forme ampollas. Retire los pimientos, tápelos con film de plástico y déjelos reposar unos 10 minutos. Pélelos con los dedos o ráspelos con un cuchillo.

2 Corte los pimientos a dados de 1 cm e introdúzcalos en un cuenco con los tomates, las cebollas tiernas, el aceite de oliva, el vinagre, el ajo y el limón. Salpimente y mezcle bien. Pruebe la ensalada y añada un poco de zumo de los limones en conserva.

3 Caliente el grill a temperatura máxima. Unte las sardinas con aceite de oliva y con $\frac{1}{2}$ cucharadita de *ras el hanout*. Salpimente el pescado. Áselo bajo el grill unos 3 minutos por cada lado hasta que la piel comience a estar crujiente.

4 Acompañe con la ensalada y pan crujiente.

PARA 4 RACIONES
4 pimientos verdes grandes
3 tomates maduros, sin piel y sin semillas y cortados en dados de 1 cm
4 cebollas tiernas picadas
6 cucharadas de aceite de oliva virgen, y un poco más para aplicar con un pincel
2 cucharadas de vinagre de vino blanco
1 diente de ajo pequeño picado
la cáscara de 1 limón grande o 2 pequeños en conserva, cortados en dados pequeños
sal y pimienta negra recién molida
8 sardinas limpias
2 cucharaditas de *ras el hanout*

OTROS PESCADOS ADECUADOS: anchoas, arenques, caballa

Tajín de pescado

La cocina marroquí es relativamente desconocida. Los platos no son tan especiados como parece y son bastante ligeros, excepto cuando se añade mucho cuscús. Especiado no siempre significa «picante». Si dispone de un tajín cónico (el recipiente utilizado para preparar la receta), puede utilizarlo para elaborar el plato, o, como mínimo, para servirlo.

PARA 4 RACIONES

1 kg de rape o pintarroja, sin piel y cortado en trozos de 3 cm

sal y pimienta blanca recién molida

harina para enharinar

aceite vegetal para freír

1 cucharada de aceite de oliva

2 cebollas grandes picadas en grandes trozos

4 dientes de ajo picados

1 guindilla, sin semillas y finamente picada

1 cucharada de jengibre finamente picado

1 cucharadita de comino molido

$^1/_2$ cucharadita de pimentón

$^1/_2$ cucharadita de semillas de hinojo picadas

una pizca generosa de hebras de azafrán

4 tomates pelados, sin semillas y cortados en grandes dados

1 cucharadita de tomate concentrado

1 l de caldo de pescado (*véase* pág. 52) o una pastilla de caldo de pescado de calidad desleída en la misma cantidad de agua caliente

1 bulbo de hinojo grande sin el corazón fibroso y cortado en trozos

1 limón en conserva cortado por la mitad

1 cucharada de cilantro picado

1 Sazone los trozos de pescado y enharínelos ligeramente. Caliente un poco de aceite vegetal en una sartén y fría el pescado de 2-3 minutos por cada lado. Retírelo y resérvelo.

2 Mientras, caliente el aceite de oliva en una sartén. Incorpore las cebollas, el ajo, la guindilla, el jengibre y las especias. Tape y cueza a fuego lento entre 7-8 minutos o hasta que los ingredientes adquieran una textura blanda. Añada los tomates, el tomate concentrado y el caldo; salpimente y cueza durante 30 minutos a fuego lento. Incorpore el hinojo y prosiga la cocción otros 30-35 minutos.

3 Incorpore el pescado, el limón en conserva y el cilantro a la salsa y cueza a fuego lento otros 10 minutos. Rectifique la condimentación si fuese necesario.

OTROS PESCADOS ADECUADOS: pescados de carne firme con o sin espinas, cualquier marisco

Filetes de rape con hortalizas primaverales

En la actualidad, el rape se considera un pescado de lujo. Su carne es firme, hecho que permite diferentes métodos de cocción. Las hojas de tirabeque son las sabrosas hojas de la planta del guisante, que, en ocasiones, pueden adquirirse en los establecimientos especializados en productos orientales. También puede cultivarlas en su huerto.

PARA 4 RACIONES
200 g de habas
sal y pimienta blanca recién molida
100 g de guisantes
1 cucharadita de azúcar blanquilla
16 yemas tiernas de espárragos
4 filetes de rape, de 200 g cada uno
2 cucharadas de vino blanco seco
4 cucharadas de aceite de oliva
un puñado de hojas de tirabeques
   (opcional)
1 cucharada de perifollo picado
1 cucharada de cebollinos picados

1 Cueza las habas en agua hirviendo con sal durante 2 minutos. Escúrralas, refrésquelas con agua fría y pélelas.

2 Cueza los guisantes en un poco de agua hirviendo con sal y el azúcar durante 4-5 minutos, hasta que estén tiernos. Escúrralos y refrésquelos con agua fría. Escúrralos de nuevo y mézclelos con las habas.

3 Cueza las yemas de espárragos en agua hirviendo con sal durante 2-3 minutos o hasta que estén tiernas. Refrésquelas con agua fría, escúrralas y mézclelas con el resto de las hortalizas.

4 Caliente el horno a 200°C. Corte los filetes de rape en 3 trozos iguales e introdúzcalos en una fuente refractaria con el vino blanco y el aceite de oliva. Salpimente, tape herméticamente y hornee durante 25 minutos o hasta que los filetes estén cocidos.

5 Mezcle con las hortalizas y las hierbas e introduzca en el horno durante 5 minutos más.

6 Sirva el pescado en platos hondos con las hortalizas y riegue con el líquido de la cocción.

OTROS PESCADOS ADECUADOS: *pescados de carne firme*

Filetes de pez de san Pedro con puerros mini

Ilustrado en la página anterior

PARA 4 RACIONES

4 filetes de pez de San Pedro con
la piel, cada uno de 160-180 g
sal marina y pimienta blanca
recién molida
250 g de puerros mini
2-3 cucharadas de aceite de oliva
virgen extra
$\frac{1}{2}$ cucharada de cebollinos
picados
$\frac{1}{2}$ cucharada de perejil picado
el zumo de $\frac{1}{3}$ de limón

El magnífico aspecto del pez de san Pedro también se hace patente en la calidad de su carne. Posee una mancha en la piel, razón por la cual, aparentemente, recibe su nombre. La explicación más habitual es que san Pedro dejó la marca de sus dedos al retornar el pescado al agua tras escuchar sus angustiosos quejidos.

1 Divida cada filete de pez de San Pedro en tres pequeños filetes cortados a lo largo. Con un cuchillo afilado, separe los filetes cortando a través de la piel.

2 Salpimente los filetes, introdúzcalos en una fuente que encaje en la vaporera para conservar el líquido de cocción, y cuézalos al vapor con el recipiente tapado durante 5-6 minutos o hasta que estén cocidos. Si no dispone de una vaporera, utilice una cacerola grande con una tapa que ajuste y coloque la fuente con el pescado sobre una trébede o algo similar que lo separe del fondo del recipiente.

3 Mientras, introduzca los puerros en una cacerola con agua hirviendo con sal y cuézalos durante 5 minutos a fuego lento. Escúrralos, sirviéndose de un colador, y salpimente.

4 Mezcle el líquido de cocción del pescado con el aceite de oliva, las hierbas y el zumo de limón. Sirva los filetes de pescado en platos calientes e intercálelos con los puerros. Rocíe el conjunto con el líquido de cocción mezclado con el aceite y las hierbas.

Variante Este plato también resulta delicioso si sustituye los puerros por col marina. La col marina es un vegetal marino bastante raro, especialmente si intenta comprarla. Puede encontrarse en estado silvestre sobre las rocas, aunque suele poseer un sabor amargo, a no ser que tome los tallos tiernos y los cubra con arena para que se blanqueen. Esto ocurre de forma natural en estado silvestre, ya que las plantas se blanquean por sí mismas gracias a la acción del viento y la arena entre las rocas. Para encontrarlas deberá estar muy atento. Antes de cocer la col marina, corte los tallos por la mitad.

OTROS PESCADOS ADECUADOS: rodaballo menor, rape, besugo, rodaballo y cualquier pescado blanco

Filete de abadejo con hinojo marino y berberechos

Para la conservación de las especies marinas, se nos aconseja no consumir demasiado bacalao u otros pescados populares que formaban parte de nuestra dieta, razón por la cual van introduciéndose, tanto en los libros de cocina como en los restaurantes, especies menos conocidas. Esta situación tenía que producirse tarde o temprano. Aunque existe un gran número de especies, muchas naciones todavía consideran legal capturar pescaditos de tamaño minúsculo, hecho que no resulta demasiado prometedor. En mi opinión, la gente se va concienciando sobre este hecho. No obstante, a pesar de esta situación, estamos aprendiendo que existen pescados de calidad que antes desdeñábamos.

En este sentido, el abadejo constituye una alternativa excelente frente al bacalao. Para la elaboración de esta receta, debe comprar filetes o un pescado grande, ya que su carne se separará en menos láminas y será más fácil de cocinar. Los berberechos deben comprarse vivos y lavarse bien para eliminar cualquier resto de arena. La mejor forma de lavarlos consiste en mantenerlos bajo el grifo, dándoles vueltas de vez en cuando con la mano para retirar la máxima cantidad de arena posible. Quizás le guste la experiencia.

1 Salpimente el pescado. Caliente un poco de aceite en una sartén grande antiadherente y fría el pescado unos 3 minutos por cada lado hasta que esté bien dorado (si los filetes son muy gruesos, continúe la cocción en el horno caliente durante 5-10 minutos más).

2 Mientras, limpie de nuevo los berberechos e introdúzcalos en una cacerola grande con el vino blanco y el caldo de pescado. Tape y cueza a fuego fuerte hasta que empiecen a abrirse. Mueva el recipiente de vez en cuando. Escurra los berberechos en un colador y reserve el líquido, ya que deberá volverlo a verter en la cacerola.

3 Reduzca el líquido de los berberechos a la mitad e incorpore el hinojo marino. Vuelva a introducir los berberechos en el recipiente (no necesitan sazonarse, ya que el hinojo ya contiene la suficiente sal) y mezcle bien.

4 En el momento de servir, retire con cuidado el abadejo de la sartén, ayudándose de una espumadera, y distribuya a los berberechos, el hinojo marino y el líquido de cocción.

PARA 4 RACIONES

4 filetes de un abadejo grande, cada uno de 200 g, sin piel y sin restos de espinas
sal y pimienta blanca recién molida
aceite de oliva para cocinar
200 g de berberechos o almejas bien lavados
100 ml de vino blanco
100 ml de caldo de pescado (*véase* pág. 52) o un trozo de pastilla de caldo de pescado desleída en la misma cantidad de agua caliente
200 g de hinojo marino

OTROS PESCADOS ADECUADOS: cualquier pescado blanco de carne firme

Lubina a la sal

Esta forma de cocción tradicional para pescados de carne firme, como la lubina o el besugo, resulta excelente. Sella el pescado por completo, por lo que se cuece en sus propios jugos y no pierde el sabor. Aunque se trata de un método muy sencillo, sólo se emplea con cierta frecuencia en España y Sicilia.

Cuando inauguramos J. Sheekey pensamos que debíamos tener un plato de este tipo en la carta, aunque debido al escaso espacio disponible, debía servirse con celeridad sin renunciar a la teatral escena de romper la costra de sal. Al cabo de varios meses, creamos una variante en la que se utilizaba pescado sin espinas, lo que significa que una vez retirada la sal, el pescado está listo para trocearse y servirse.

En casa puede emplear un pescado entero si cree que va a ser capaz de servirlo bien. En caso contrario, solicite a su pescadero que extraiga las espinas a partir del vientre, que deje la cabeza y la cola, y que retire la espina dorsal, así como las pequeñas espinas situadas en los filetes. Dependiendo del tamaño de su horno, quizás sea interesante comprar dos pescados más pequeños.

1 Una hora antes de empezar a cocinar, añada una taza de agua a la sal y mezcle bien. Extienda una fina capa de sal en una placa para hornear o fuente refractaria que pueda llevar a la mesa. Llene el estómago del pescado con parte de las hierbas y condimente con pimienta. Coloque la lubina sobre la sal y cúbrala con el resto de la misma formando una capa de 1 cm de grosor. Haga presión sobre la sal. Deje reposar durante una hora.

2 Caliente el horno a 250ºC. Escurra el exceso de agua del pescado y hornéelo durante 45 minutos. Retírelo del horno.

3 Si lo desea, y si se siente capaz, puede servirlo ante sus invitados. En caso contrario, córtelo en la cocina, quizás tras enseñarles cómo ha salido del horno. Rompa la corteza de sal en dos zonas con el dorso de un cuchillo pesado, y ráspela cuidadosamente del pescado retirando la máxima cantidad posible. Retire la cabeza y la cola y corte el pescado en porciones regulares, retirando el resto de sal de la parte inferior. Introdúzcalo en platos que habrá calentado previamente.

4 En el momento de servir, rocíelo con aceite de oliva o mantequilla derretida y con más hinojo o eneldo picado.

PARA 4-6 RACIONES

1 kg de sal marina gruesa o *sel de Guérande*

1 lubina entera, de 2,5 kg aproximadamente, sin escamas y sin espinas

hojas de hinojo o unas ramitas de eneldo

pimienta blanca recién molida

aceite de oliva o mantequilla derretida para servir

OTROS PESCADOS ADECUADOS: dorada, mero

Pescado horneado a la tailandesa

La actual moda por la cocina tailandesa ha permitido que algunos puestos de verduras y comercios especializados en productos orientales comercialicen hojas de plátano. Si no dispone de ellas, puede emplear papel de aluminio. Las hierbas asiáticas también son más fáciles de encontrar en la actualidad.

Los pescados como la lubina o el mero combinan a la perfección con los sabores tailandeses, aunque para la preparación de este plato puede emplear cualquier pescado de calidad, incluso el humilde pardete.

1 Caliente el horno a 200ºC. Para preparar la salsa, caliente el aceite de sésamo en un cazo y rehogue la guindilla, la galanga, la hierba limón, las hojas de lima y el ajo a fuego lento durante 1 minuto, hasta que adquieran una textura blanda y su sabor se potencie. Incorpore la salsa de soja, lleve a ebullición, deje enfriar y vierta la mezcla en un cuenco grande o en pequeños cuencos individuales.

2 Prepare el arroz aromático. Para ello, introduzca la hierba limón con las hojas de lima en 1 l de agua y deje cocer durante 10 minutos removiendo lo mínimo posible. Incorpore el arroz y deje cocer a fuego lento durante 10-12 minutos o hasta que esté cocido. Escúrralo en un colador e introdúzcalo de nuevo en la cacerola, tápela y déjelo reposar durante 10 minutos antes de servir. De esta forma quedará suelto.

3 Mientras cuece el arroz, prepare el pescado. Caliente el aceite de sésamo en una cacerola y rehogue a fuego lento la guindilla picada, la hierba limón, la galanga, el ajo, las hojas de lima y el comino molido durante un par de minutos, hasta que comiencen a desprender aroma. Vierta el contenido de la cacerola en el vaso del robot, junto con el cilantro, la albahaca tailandesa y un par de cucharadas de agua y ligue todo bien hasta obtener una pasta. Extienda esta pasta sobre los filetes de pescado y envuélvalos en un trozo de hoja de plátano para obtener una especie de paquete. Coloque los puntos de unión hacia abajo. Hornee el pescado durante 10-15 minutos o hasta que al insertar una brocheta en el centro, ésta salga limpia.

4 Coloque un paquete en cada plato con un poco de la salsa. Sirva el arroz en cuencos individuales o en uno grande.

PARA 4 RACIONES

1 cucharada de aceite de sésamo

1 guindilla pequeña, sin semillas y picada

1 tallo sin piel de hierba limón (el extremo bulboso picado en grandes trozos)

20 g de galanga o jengibre pelado y picado en grandes trozos

2 dientes de ajo majados

4 hojas de lima, picadas en grandes trozos

$^1/_2$ cucharadita de comino

10 g de hojas de cilantro

20 g de albahaca tailandesa

4 filetes de pescado (*véase superior*), de unos 200 g cada uno, con la piel, sin escamas y sin restos de espinas

1 hoja de plátano de 1 m

para la salsa

1 cucharada de aceite de sésamo

1 guindilla roja pequeña, sin semillas y finamente picada

1 cucharada de galanga o jengibre picado en grandes trozos

1 cucharada de hierba limón finamente picada

2 hojas de lima

1 diente de ajo picado

3 cucharadas de salsa de soja

para el arroz aromático

2 tallos de hierba limón con los extremos bulbosos picados

8 hojas de lima

sal

225 g de arroz basmati refrescado con agua fría

OTROS PESCADOS ADECUADOS: *mújol, mero, lubina, besugo, la mayoría de pescados*

Asar y hornear pescados Algunos pescados quedan realmente sabrosos

cuando se hornean enteros, ya que este método de cocción conserva mejor su jugosidad, sabor y nutrientes. El horneado debe utilizarse con pescados de carne firme como la lubina, el mero o la dorada, ya que poseen, hasta cierto punto, escasas espinas. Cabe destacar que las espinas constituyen un aspecto negativo al hornear los pescados enteros.

Si sirve un pescado entero para 6-8 personas, resultará delicioso si lo *rellena (ilustración 1)* con ramitas de hierbas y dientes de ajo o tallos de hinojo secos, y lo riega con aceite de oliva virgen extra. Para evitar que el pescado se seque, es aconsejable regarlo de vez en cuando con su propio líquido de cocción, gracias al cual se realza su sabor.

Practique unas *incisiones (ilustración 2)* en la piel del pescado (que también ayudan a que el calor penetre más rápidamente) e inserte unas rodajas de lima o limón o bien *unte la piel con especias (ilustración 3)* antes de asarlo. Puede realizar un recorrido por diversos países con la utilización de distintas mezclas de especias, como *ras el hanout* y *chermoula*, del norte de África, o incluso con especias tailandesas.

Solicite a su pescadero que quite las escamas y las tripas al pescado y que corte las aletas. Puede dejar o retirar la cabeza. Si cocina un pescado entero con las espinas, debe hornearlo durante 40 minutos por kilo a una temperatura de 230 °C.

Otra técnica para cocinar el pescado, gracias a la cual se conservan intactos sus sabores, nutrientes y el espectacular aspecto, es el horneado en *papillote*. Este método consiste en envolver el pescado en un paquete de papel de aluminio o sulfurizado perfectamente cerrado. En el paquete pueden incluirse aromatizantes, como cebollas o escalonias, ajo, hierbas o un chorrito de caldo o de vino. Con esta técnica, el pescado parece cocerse más al vapor que asarse. Una vez horneados, los paquetes se llevan a la mesa y cada comensal abre el suyo y disfruta de los deliciosos aromas que desprende. Se obtiene un resultado similar cuando el pescado se hornea en hojas de plátano, tal y como se ha mencionado en la receta de pescado horneado a la tailandesa (*véase* pág. 117).

Sirva el pescado de una forma sencilla, con una ensalada o una salsa a base de aceite. Asimismo, puede preparar una *salsa rápida en la sartén* de la misma forma que haría con una salsa a base del líquido de cocción, es decir, raspando los sedimentos con una cuchara y añadiendo un líquido. Puede espesar la salsa con un poco de harina de maíz mezclada con agua fría o bien con crema de leche.

1

2

3

Langostinos a la sal y a la pimienta

PARA 4 RACIONES
COMO ENTRANTE

450 g de langostinos tigre
  grandes, sin cabeza pero
  con el caparazón

4 cucharadas de aceite de
  sésamo ligero (sin tostar)

1 ½ cucharaditas de sal marina

1 ½ cucharaditas de pimienta
  de Sichuan majada

1 manojo de cebollas tiernas,
  limpias y cortadas en tres
  trozos

3 dientes de ajo majados

1 guindilla roja pequeña, sin
  semillas y finamente picada

Estos aromáticos langostinos resultan ideales para servirse con bebidas a modo de tentempié, siempre y cuando los langostinos sean pequeños. Si lo desea, puede dejar los caparazones y practicar un corte sobre el lomo para retirar los intestinos (*véase* pág. 12). Se trata de mi sistema preferido, ya que al igual que ocurre con la mayor parte de los mariscos, comerlos con las manos constituye parte del placer.

1 Con la ayuda de un cuchillo de sierra afilado, practique un corte a lo largo del lomo de los langostinos, que seccione el caparazón y se adentre unos 5 mm en la carne. Lávelos bajo el grifo y retire los intestinos; luego, séquelos con papel de cocina.

2 Caliente 3 cucharadas de aceite de sésamo en un wok o sartén de fondo grueso y fría los langostinos a fuego fuerte durante 1-2 minutos. Incorpore la sal y la pimienta de Sichuan y prosiga la cocción un par de minutos removiendo a menudo. Retire los langostinos de la sartén y resérvelos al calor.

3 Caliente el resto del aceite de sésamo en la misma sartén y rehogue las cebollas tiernas, el ajo y la guindilla. Mezcle todo y sirva.

OTROS PESCADOS ADECUADOS: gambas

«*Sashimi*» de vieiras con ensalada de algas

Las vieiras crudas poseen un delicioso sabor dulce. Cuando las compre, deben estar vivas y en sus valvas. Solicite a su pescadero que se las abra y limpie. Encontrará las mejores algas secas en los establecimientos especializados en productos orientales. Incluso hallará mezclas a base de algas de diferentes colores.

1 Hidrate las algas siguiendo las instrucciones del paquete. Escúrralas en un colador y séquelas con papel de cocina.

2 Vierta la salsa de soja, el vinagre y el *mirin* en un recipiente y mezcle todo con las algas y el hinojo marino. Reserve una pequeña cantidad para las vieiras.

3 Distribuya las algas en las valvas de vieira reservadas y colóquelas en los platos para servir. Corte cada vieira en 3 o 4 trozos y dispóngalas sobre las algas. Vierta la salsa por encima.

PARA 4 RACIONES

unos 20 g de algas secas variadas

$\frac{1}{2}$ cucharada de salsa de soja ligera de calidad

1 cucharada de vinagre de arroz

$\frac{1}{2}$ cucharada de *mirin*

60 g de hinojo marino a trozos (opcional)

4 vieiras grandes lavadas (reservar las valvas)

OTROS PESCADOS ADECUADOS: *un amplio abanico de pescados y mariscos*

Vieiras y langostinos tigre al vapor con salsa de judías negras

PARA 4 RACIONES

COMO ENTRANTE

4 langostinos tigre grandes
   u 8 medianos, sin cabezas
   ni intestinos, peladas, pero
   con el extremo de la cola
4 vieiras grandes u 8 medianas
   limpias (reservar las valvas)
sal marina y pimienta blanca
   recién molida
un manojo generoso de algas
   marinas limpias (si están
   disponibles)

para el aliño

2 cucharadas de judías negras
   fermentadas, en remojo durante
   una hora en agua caliente
   y escurridas
3 cebollas tiernas a rodajas finas
$^{1}/_{2}$ cucharada de jengibre
   finamente rallado
2 dientes de ajo majados
1 cucharada de cilantro picado
1 cucharada de vino de arroz
1 cucharada de salsa de soja ligera
1 cucharada de aceite de semillas
   o girasol

Existe algo reconfortante al servir las vieiras en sus propias valvas en lugar de utilizarlas como cenicero. Las vieiras pueden ser difíciles de abrir, especialmente cuando están muy frescas, que, naturalmente, es como deben estar. Le recomiendo que solicite a su pescadero que se las abra y prepare.

1 Prepare el aliño. Para ello, mezcle todos los ingredientes.

2 Introduzca un langostino tigre en la valva de cada vieira, salpimente y cueza en la vaporera durante 4-5 minutos. También puede utilizar una fuente para asar con un par de centímetros de agua hirviendo, tapada y dispuesta sobre el quemador.

3 En el momento de servir, coloque las valvas sobre unas algas, si dispone de ellas, para que no se desplacen por el plato, y vierta por encima el aliño.

OTROS PESCADOS ADECUADOS: *almejas, berberechos, bogavante, mejillones, navajas*

Mejillones a la marinera

PARA 4 RACIONES

4-6 escalonias grandes finamente
  picadas
5-6 dientes de ajo majados
1 vaso de vino blanco
150 ml de caldo de pescado
  (*véase* pág. 52) o $^1/_2$ pastilla de
  caldo de pescado de calidad,
  desleída en la misma
  cantidad de agua caliente
sal y pimienta negra recién molida
2 kg de mejillones limpios
  (deseche aquellos que no se
  cierren al tacto)
2 cucharadas de perejil picado

Los mejillones están disponibles durante todo el año; sin embargo, al igual que ocurre con las ostras, cuando la temperatura del agua es elevada no están en su mejor momento. Esta receta constituye una de las formas más simples y rápidas de disfrutar de los mejillones. Otra buena opción consiste en servirlos junto con berberechos y/o almejas.

Puede añadir crema de leche a los clásicos mejillones a la marinera para aportar un toque de lujo, o puede realzarlos con sabores de otros lugares del mundo, como en esta receta, en la que unos mejillones al vapor a la catalana se han modificado al incorporar especias tailandesas y acabar el plato con leche de coco.

1 Introduzca las escalonias, el ajo, el vino blanco y el caldo de pescado en una cacerola grande. Lleve a ebullición, salpimente e incorpore los mejillones y el perejil.

2 Tape bien y cueza a fuego fuerte. Remueva de vez en cuando, hasta que todos los mejillones se hayan abierto (aunque un par no se hayan abierto, no prolongue la cocción, simplemente deséchelos).

Variante Degusté por primera vez mejillones al vapor a la catalana en la Costa Brava, cerca de Sant Feliu de Guíxols. La mayoría de los restaurantes de la zona sirven su propia receta, ligeramente diferente de las demás en lo que respecta a las especias. La mejor receta, con influencias del norte de África, incluía jengibre y comino. Siento predilección por la forma en que las especias ejercen influencia en otras cocinas, especialmente cuando no es lo que se espera.

Si desea una variante de la receta, sustituya las escalonias por una cebolla pequeña picada, sofríala con el ajo y con 4 cucharadas de aceite de oliva y aromatice con $^1/_2$ cucharada de jengibre fresco finamente picado, 1 cucharadita de semillas de hinojo majadas y comino molido hasta que todo adquiera una textura suave. Incorpore unas hebras de azafrán, 1 cucharada de tomate concentrado, 150 g de tomates en lata con su jugo, el vino blanco y 1 l de caldo. Cueza durante 10-15 minutos a fuego lento y sazone al gusto. Incorpore los mejillones y el perejil, tape y cueza tal y como se ha indicado en la parte superior.

OTROS PESCADOS ADECUADOS: almejas, berberechos, navajas

Ensalada de marisco

Las ensaladas de marisco pueden prepararse con diferentes pescados y mariscos, dependiendo de lo que se encuentre disponible. Yo prefiero incluir bogavante, calamar, sepia o pulpo, vieiras y quizás algunas almejas, mejillones o navajas, ya que aportan cierto interés. Si no dispone de ellos, quizás pueda sustituirlos por un salmonete, con lo que la ensalada adquiere color.

El hinojo marino simplemente escaldado en agua hirviendo aporta una textura crujiente, además de colorido. Si no es la época, puede añadir algunos puerros mini.

1 Introduzca los mejillones o almejas en una cacerola con el caldo de pescado y el aceite de oliva y salpimente. Tape y cueza a fuego fuerte durante 3-4 minutos, removiendo de vez en cuando, hasta que todos se hayan abierto (deseche los que no lo hayan hecho, para no prolongar la cocción de los abiertos). Retire del fuego y pase el líquido de cocción por un colador fino forrado con una estameña para desechar cualquier impureza.

2 Lave la cacerola y vierta el líquido anterior, además de los langostinos y la sepia o el calamar. Tape y cueza durante 2 minutos. Incorpore las vieiras, mezcle bien, tape y cueza con el recipiente tapado durante 1 minuto. Retire del fuego y deje enfriar.

3 Mientras, escalde el hinojo marino en agua hirviendo sin sal durante 10 segundos y refrésquelo con agua fría; si utiliza puerros, cuézalos en agua hirviendo con sal durante 4-5 minutos, o hasta que estén tiernos, y escúrralos.

4 Retire del líquido de cocción los langostinos cocidos, las sepias o calamares y las vieiras y mézclelos en un cuenco con los ingredientes del aliño y los mejillones o almejas.

5 Cueza a fuego lento el líquido de cocción hasta que casi se haya evaporado y tan sólo quede el aceite. Deje enfriar unos minutos; después, mezcle este fondo con la ensalada de mariscos, el hinojo marino o los puerros y salpimente, si fuese necesario. Deje reposar durante unos 30 minutos antes de servir.

PARA 4 RACIONES

150 g de almejas o mejillones limpios (desechar los abiertos y los que no se cierren enseguida al tacto)

4 cucharadas de caldo de pescado (*véase* pág. 52) o un trozo de pastilla de caldo de pescado de calidad, desleída en la misma cantidad de agua caliente

4 cucharadas de aceite de oliva

sal y pimienta blanca recién molida

8 langostinos tigre pelados y sin cabeza

200 g de calamares o sepias limpios y cortados en trozos de 4-5 cm

4 vieiras grandes, limpias y con el coral y la carne cortada por la mitad en sentido horizontal

100 g de hinojo marino, con los tallos leñosos cortados, u 8 puerros mini cortados por la mitad

para el aliño

el zumo de $^1/_2$ limón

$^1/_2$ cucharada de eneldo picado

$^1/_2$ cucharada de perifollo picado

OTROS PESCADOS ADECUADOS: bocas, sepias o pulpitos, bogavante, navajas, salmonete

Mariscos asados con alioli

PARA 4 RACIONES

2 bogavantes pequeños vivos,
de 400 g cada uno

4 langostinos tigre grandes
enteros

4 navajas y/o un puñado
de almejas

unos 150 ml de aceite de oliva

sal marina y pimienta negra
recién molida

4 vieiras limpias y con sus valvas

un puñado de berberechos

8 cebollas tiernas cortadas por la
mitad

4 dientes de ajo picados

2 cucharadas de perejil picado

alioli (*véase* pág. 50)

En mi opinión, no existe ningún plato de pescado mejor que éste para comer junto al mar. Uno o dos vasos de vino blanco fresco, rosado o cava y una buena compañía es todo lo que necesita, aunque también serán convenientes unos cascadores de marisco y unos cuencos para lavarse las manos. Puede modificar los ingredientes de este plato dependiendo de la oferta, y añadir cigalas, langostas o incluso bocas de cangrejo. Si es temporada, puede incorporar un puñado de hinojo marino al finalizar la cocción, o puede emplear cebollas, ajos tiernos o puerros mini.

1 Prepare el marisco para asar. Si siente repulsión a la hora de cortar los crustáceos vivos por la mitad, solicite a su pescadero que los abra a lo largo y corte las pinzas para poder retirar la carne con facilidad una vez cocida. Para sacrificarlos, debe sumergirlos en agua hirviendo durante un minuto y en repetidas ocasiones. Se recomiendan los dos métodos ya descritos para sacrificar a los crustáceos de forma humana. Los langostinos tigre pueden dejarse eneros o pelarse, si lo desea. Prepare y cueza las navajas como se menciona en la receta de la página 148. Simplemente debe retirar los intestinos y dejarlas enteras.

2 Caliente el horno a 230ºC y una fuente para asar lo suficientemente grande para colocar el marisco formando una sola capa (o dos si fuese necesario) y riegue con dos cucharadas de aceite de oliva.

3 Sazone los bogavantes y colóquelos en la placa caliente con la cara de la carne hacia abajo. Cueza durante 6-7 minutos en el horno y luego déles la vuelta. Incorpore las vieiras, los langostinos, las almejas, los berberechos y las cebollas tiernas y salpimente. Mezcle el resto del aceite de oliva con el ajo y viértalo sobre el marisco. Introdúzcalo de nuevo en el horno durante 7-8 minutos, retire del horno e incorpore el perejil. Añada un poco de aceite de oliva, si lo desea, ya que el marisco tiende a absorberlo.

4 Sirva el marisco en una fuente caliente o en platos individuales y vierta el líquido de cocción. Acompañe con el alioli.

OTROS PESCADOS ADECUADOS: *cualquier molusco*

6 *pescados* de primera

Huevos reales

Se trata de una variante sofisticada de los huevos Benedict, una receta que resulta perfecta para acompañarse de una copa de cava. La salsa holandesa es un poco complicada, por lo que quizás deba practicar unos días antes. Esta receta también se puede preparar con huevas de salmón y trucha ahumada.

PARA 4 RACIONES

2 muffins o brioches pequeños cortados por la mitad

4 huevos grandes

4 lonchas de salmón ahumado, de 100-125 g en total

30 g de caviar Sevruga, Beluga u Osietra

para la salsa holandesa

1 cucharada de vinagre de vino blanco

1 escalonia pequeña picada en grandes trozos

unas ramitas de estragón

1 hoja de laurel

5 granos de pimienta negra

250 g de mantequilla

2 yemas de huevo grandes

sal y pimienta blanca recién molida

1 En primer lugar, prepare la salsa holandesa. Para ello, introduzca el vinagre, la escalonia, las hierbas y los granos de pimienta en un cazo con 2 cucharadas de agua y reduzca el líquido hasta que quede 1 cucharadita de postre. Cuélelo y resérvelo.

2 Derrita la mantequilla en un cazo de fondo grueso y cuézala a fuego lento durante 5-10 minutos o hasta que parezca que se separa. Retírela del fuego y déjela enfriar un poco; después, separe la mantequilla del suero depositado en el fondo del recipiente y deséchelo.

3 Vierta las yemas en un cuenco pequeño con la mitad de la reducción del vinagre y bata hasta que la mezcla comience a espesarse y formar espuma. Para ello, coloque el cuenco sobre un recipiente con agua. Incorpore poco a poco la mantequilla sin dejar de batir (un batidor de varillas eléctrico facilitará la operación). Vaya con cuidado, ya que si la mantequilla se añade con demasiada rapidez, la salsa se corta.

4 Cuando haya añadido dos tercios de la mantequilla, compruebe si necesita añadir más y salpimente. Luego agregue el resto de la mantequilla como se ha indicado en la parte superior. En la salsa no debe dominar el sabor a vinagre, ya que éste sólo se utiliza para atenuar el sabor graso de la mantequilla. Rectifique la condimentación, si fuese necesario, y cubra la superficie de la salsa con un film de plástico, que estará en contacto con la salsa para que no se forme una película. Conserve la salsa en un lugar templado hasta el momento de necesitarla. Aunque puede calentarse sobre un cuenco con agua caliente y batirse ligeramente, es preferible no hacerlo.

5 Para servir, tueste ligeramente los muffins y escalfe los huevos. Coloque una loncha de salmón ahumado sobre cada muffin, añada un huevo escalfado encima y cubra con dos cucharadas generosas de salsa y caviar al gusto.

OTROS PESCADOS ADECUADOS: trucha ahumada, huevas de salmón

Tortilla Arnold Bennett

PARA 4 RACIONES

200 g de filete de eglefino ahumado

1 escalonia grande finamente picada

1 cucharada de eneldo picado

1 cucharadita de mostaza de Dijon

200 ml de crema de leche espesa

sal y pimienta blanca recién molida

8 huevos grandes batidos, más 1 yema

una nuez generosa de mantequilla

Se trata de un plato clásico creado por el cliente en lugar de por el chef. Este plato fue solicitado al Hotel Savoy por el crítico y escritor Arnold Bennett. La preparación de las tortillas puede ser complicada en la cocina de un restaurante de gran ajetreo. Es importante que compre eglefino de calidad.

1 Introduzca el pescado y las escalonias en una cacerola y cúbralos con agua. Lleve a ebullición, tape y cueza durante 2 minutos a fuego lento. Retire el pescado con una espumadera y escúrralo sobre papel de cocina. Quítele la piel y las espinas.

2 Reduzca el líquido de cocción a fuego medio e incorpore 150 ml de la crema y la mostaza. Lleve a ebullición y prosiga la cocción a fuego lento hasta que se haya reducido a dos tercios y se haya espesado. Retire del fuego y deje enfriar un poco.

3 Introduzca el pescado desmenuzado en la salsa, incorpore el eneldo y salpimente. Caliente el grill al máximo.

4 Bata la yema y el resto de la crema en un cuenco dispuesto sobre otro con agua hasta que la mezcla blanquee y esté espumosa. Retire el cuenco del fuego y resérvelo.

5 Caliente un poco de mantequilla en una sartén pequeña antiadherente. Sazone los huevos batidos y vierta un cuarto de esta preparación en la sartén. Remueva los huevos a fuego lento con una cuchara de madera o una espátula de plástico hasta que empiecen a cuajar, pero todavía estén jugosos.

6 Coloque sobre la sartén un plato con un diámetro algo más grande que ésta. Dé la vuelta a la tortilla y pásela a un plato caliente. Repita esta operación con el resto de la mezcla para preparar 3 tortillas más.

7 Mezcle el huevo batido y la crema con la mezcla de pescado y distribuya sobre las tortillas con el dorso de una cuchara. Gratine durante uno o dos minutos para que se dore.

OTROS PESCADOS ADECUADOS: cualquier pescado ahumado

Filete de lubina con puré de bogavante

No consigo recordar cuándo se me ocurrió preparar el puré de bogavante. Constituye una receta perfecta para utilizar los restos de carne de bogavante tras una cena en la que nuestros invitados no se han tomado la molestia de retirar la carne de las pinzas.

1 Cueza el bogavante tal y como se describe en la página 12 y retire toda la carne. Reserve el caparazón. Pique la carne en trozos pequeños y resérvela.

2 Para preparar la salsa, sofría en una cacerola de fondo grueso los caparazones del bogavante, las escalonias y el ajo con el aceite de oliva durante 6-7 minutos. Incorpore la mantequilla y la harina y mezcle bien con los caparazones. Añada el azafrán, el estragón y el tomate concentrado y mezcle bien. Vaya vertiendo lentamente el vino blanco y el caldo de pescado caliente y lleve a ebullición. Cueza a fuego lento durante unos 10 minutos, o hasta que la salsa se haya reducido a la mitad, e incorpore la crema. Salpimente. Lleve a ebullición y cueza a fuego lento unos 30 minutos.

3 Pase la salsa por un colador dispuesto sobre un cuenco y haga presión sobre los caparazones ayudándose de una cuchara para asegurarse de que pasa toda la salsa. Retire un 10 % de los caparazones (aproximadamente media taza) y pase la salsa por la batidora. Pásela por un colador fino.

4 Mientras prepara la salsa, cueza las patatas en agua hirviendo con sal, escúrralas e introdúzcalas en una cacerola al fuego para que pierdan agua. Aplástelas con un tenedor y mezcle con la carne de bogavante, el estragón y 4-5 cucharadas de la salsa de bogavante. Añada la mantequilla, salpimente y caliente removiendo a menudo.

5 Mientras, sazone la lubina y enharínela ligeramente. Caliente el aceite vegetal en una sartén antiadherente y fría los filetes durante 4 minutos con la cara de la piel hacia abajo. Déles la vuelta y fríalos por el otro lado durante 2-3 minutos o hasta que el pescado esté frito.

6 Reparta el puré en el centro de 4 platos calientes y coloque el pescado encima con la piel hacia arriba. Caliente la salsa y viértala alrededor del plato.

PARA 4 RACIONES
1 bogavante pequeño, de 300-400 g o incluso menos
250 g de patatas pequeñas cerosas peladas
1 cucharada de estragón picado
una nuez generosa de mantequilla
4 filetes de lubina grande, cada uno de 160-180 g, con la piel, sin escamas y sin espinas
harina para enharinar
aceite vegetal para freír

para la salsa de bogavante
4 escalonias picadas en grandes trozos
1 diente de ajo picado
aceite vegetal para freír
una nuez generosa de mantequilla
2 cucharaditas de harina
una pizca generosa de hebras de azafrán
unas ramitas de estragón
1-2 cucharadas de tomate concentrado
4 cucharadas de vino blanco
200 ml de caldo de pescado (*véase* pág. 52) o ½ pastilla de caldo de pescado de calidad, diluída en la misma cantidad de agua caliente
350 ml de crema de leche espesa
sal y pimienta negra recién molida

OTROS PESCADOS ADECUADOS: cualquier pescado de carne blanca firme, como bacalao, fletán o rodaballo

Pargo relleno de cerdo con salsa de jengibre

En la cocina oriental, la mezcla de carne y pescado es bastante habitual. En este plato, aporta un toque inusual a un pescado de sabor neutro. La carne de cerdo grasa, como la panceta, combina a la perfección con los sabores asiáticos y cuando se rellena con ella un pescado como el pargo o la lubina constituye una receta ideal para servir junto con otros platos de estilo oriental.

1 Caliente el horno a 220ºC. Prepare el relleno. Para ello, mezcle todos los ingredientes.

2 Rellene los pescados, salpimente y úntelos con aceite vegetal, ayudándose de un pincel.

3 Hornee unos 30 minutos o hasta que al insertar una broqueta o un cuchillo pequeño en el centro del pescado salga caliente.

4 Mientras hornea el pescado, prepare la salsa. Sofría a fuego lento el jengibre, el ajo y la guindilla durante 2-3 minutos, hasta que adquieran una textura blanda. Incorpore la salsa de pescado, la de soja, 150 ml de agua y lleve a ebullición. Cueza a fuego lento durante 5 minutos. Deslía la harina de maíz en un poco de agua y mézclela con la salsa. Cueza a fuego lento durante 2 minutos y retire del fuego. La salsa debe poseer una textura espesa. Si no fuera así, cuézala un poco más.

5 En el momento de servir, vierta la salsa sobre el pescado dejándola caer por los lados.

Variantes Si no le gusta la carne, puede sustituir el cerdo por gambas crudas picadas o incluso por hortalizas picadas, como setas *shiitake* y cebollas tiernas. En vez de la salsa de jengibre, puede utilizar la salsa de judías negras de la página 122.

PARA 4 RACIONES

4 pargos de 350-400 g cada uno, o 1 o 2 grandes, limpios y sin escamas
aceite vegetal para untar el pescado

para el relleno
200 g de panceta de cerdo picada
4 cebollas tiernas finamente picadas
3 dientes de ajo picados
1 tallo de hierba limón finamente picado
3 dientes de ajo picados
2 cucharadas de hojas de cilantro picado
1 cucharada de jengibre fresco picado o galanga
1 guindilla roja sin semillas y finamente picada
sal y pimienta negra recién molida

para la salsa de jengibre
2 cucharadas de jengibre finamente picado
2 dientes de ajo picados
1 guindilla roja sin semillas finamente picada
1 cucharada de aceite de sésamo sin tostar o de semillas
2 cucharadas de salsa de pescado
1 cucharada de salsa de soja ligera
1 cucharada de harina de maíz

OTROS PESCADOS ADECUADOS: siluro, corvina

Filete de solla belle meunière

Ilustrado en la página anterior

PARA 4 RACIONES

250 g de huevas de arenque blandas, o bien frescas o congeladas

unos 600 ml de leche

4 filetes de solla extraídos de un pescado grande, de unos 180-200 g cada uno, y sin piel

sal y pimienta blanca recién molida

harina para enharinar

aceite vegetal para freír

200 g de mantequilla

125 g de gambas pequeñas cocidas o langostinos

1 cucharada de perejil picado

el zumo de ¹/₂ limón

Se trata de una receta clásica de la época de la *haute cuisine* que merece ser rescatada. Desgraciadamente, muy pocas de las antiguas recetas del *repertoire de cuisine* de Escoffier se elaboran en la actualidad. Siento predilección por la combinación de la carne dulce de las gambas con el sabor ligeramente amargo de las huevas de arenque.

Utilice, si es posible, una solla grande, ya que su carne tiende a deshacerse menos que las de los pescados pequeños.

1 Introduzca las huevas en un cazo, cúbralas con leche, lleve a ebullición y cueza durante 2 minutos a fuego lento. Retírelas del recipiente, deseche de la leche y seque las huevas con papel de cocina.

2 Salpimente los filetes de solla por ambas caras y dóblelos por la mitad si proceden de un pescado pequeño para evitar que se cuezan en exceso. Enharínelos ligeramente y fríalos en una sartén antiadherente con el aceite vegetal durante 3-4 minutos por cada lado. Añada 50 g de mantequilla al darles la vuelta.

3 Mientras, caliente un poco de aceite vegetal en otra sartén, salpimente las huevas y fríalas durante 3-4 minutos a fuego medio. Déles la vuelta a menudo hasta que empiecen a adquirir color. Incorpore el resto de la mantequilla y, cuando empiece a formar espuma (no la deje oscurecerse), añada las gambas, el perejil y el zumo de limón. Retire del fuego.

4 Con la ayuda de una espátula, retire los filetes de la sartén y reparta por encima las huevas, las gambas y la mantequilla.

OTROS PESCADOS ADECUADOS: cualquier pescado blanco

Salmón ahumado en caliente con patatas al raiforte

El salmón ahumado en caliente se somete a un proceso de curación con sal marina y azúcar moreno sin refinar y después se ahuma a temperatura ambiente, de forma semejante al salmón ahumado tradicional, durante 12 horas, transcurridas las cuales se prosigue la cocción hasta que los filetes están completamente cocidos. Este salmón puede servirse caliente, frío o tibio. Puede desmenuzarse para elaborar una ensalada con un aliño especiado en el que se incluya raiforte.

1 Cueza las patatas con su piel en agua hirviendo con sal hasta que estén tiernas. Déjelas enfriar ligeramente y pélelas mientras todavía estén tibias.

2 Introduzca las patatas en un cuenco y aplástelas con un tenedor mientras todavía estén calientes; después, mézclelas con la salsa de raiforte, la mayonesa y las cebollas tiernas y salpimente.

3 Corte el salmón en 4 porciones iguales y colóquelas sobre una fuente de servicio con las patatas y una rodaja de limón.

PARA 4 RACIONES

400 g de patatas pequeñas cerosas

2 cucharadas de salsa de raiforte de calidad (preparada)

4 cucharadas de mayonesa (*véase* pág. 62) o ya preparada de calidad

4 cebollas tiernas en rodajas finas

sal y pimienta negra recién molida

400-500 g de salmón ahumado en caliente

1 limón a gajos

OTROS PESCADOS ADECUADOS: bacalao o abadejo ahumado, trucha marina ahumada en casa

Rodaballo hervido con salsa de huevo

PARA 4 RACIONES

4 trozos de rodaballo
   (preferentemente centrales) con
   las espinas, cada uno de unos
   250-350 g

para el caldo

1 puerro picado en grandes trozos

1 cebolla picada en grandes trozos

2 tallos de apio picados
   en grandes trozos

1 hoja de laurel

unas ramitas de tomillo

1 cucharadita de semillas de hinojo

1 cucharadita de pimienta negra
   en grano

2 cucharadas de vino blanco seco

sal y pimienta negra recién molida

para la salsa de huevo

2 escalonias finamente picadas

4 cucharadas de vino blanco

100 ml de caldo de pescado
   (*véase* pág. 52) o $\frac{1}{2}$ pastilla de
   caldo de pescado de calidad
   desleída en la misma cantidad
   de agua caliente

400 ml de crema de leche espesa

2 huevos duros pelados y picados

1 cucharada de cebollinos picados

1 cucharada de perejil picado

Cuando trabajaba en el Dorchester, este plato aparecía regularmente en la carta del Grill Room. Lo servíamos en una bonita campana de plata que se destapaba frente al comensal y, a continuación, se vertía la salsa por encima. Es importante que la salsa esté bastante espesa o se diluirá con la humedad del pescado. Una salsa holandesa (*véase* pág. 129) también resulta apropiada.

Los caldos aromatizados en los que se hierven pescados y mariscos varían considerablemente dependiendo de lo que se vaya a cocer y de la forma en que se vaya a servir. Los aromatizantes pueden oscilar entre granos de pimienta y semillas de hinojo a otros sabores más fuertes. También puede añadir un chorrito de vino o vinagre de vino en aquellas preparaciones en las que vaya a servirse un salmón o langosta fríos. El vinagre es ideal para los crustáceos, mientras que el vino se emplea en el pescado. Si no desea añadir vinagre y prefiere incluir hortalizas picadas, obtendrá un caldo vegetal susceptible de utilizarse como base de una salsa.

1 En primer lugar, prepare el caldo corto. Introduzca las hortalizas, las hierbas y las especias en una cacerola y añada 2,5 l de agua. Lleve a ebullición y cueza a fuego lento 20 minutos. Añada el vino y los condimentos y cueza 10 minutos a fuego lento. Puede enfriar este caldo corto y conservarlo durante una semana en el frigorífico.

2 Para elaborar la salsa, introduzca las escalonias en una cacerola junto con el vino y hierva hasta que éste casi se haya evaporado. Incorpore el caldo de pescado y hierva de nuevo hasta que sólo queden unas 3-4 cucharadas. Incorpore la crema, lleve a ebullición y cueza a fuego lento hasta que se haya reducido a la mitad y su textura sea espesa. Añada el huevo y las hierbas, Salpimente y cueza a fuego lento otro minuto.

3 Mientras prepara la salsa, hierva el rodaballo en el caldo de 10-12 minutos hasta que esté bien cocido (al insertar la punta de un cuchillo afilado en la parte más gruesa del pescado, el cuchillo debe estar caliente al contacto con la lengua). Retire el pescado con una espátula para el pescado y déjelo escurrir sobre papel de cocina.

4 Sirva el pescado. Introduzca la salsa en una salsera o viértela sobre el pescado.

OTROS PESCADOS ADECUADOS: rémol, rape, solla grande

Pez gato a la bordelesa

Quizás se pregunte qué tiene de glamuroso el pez gato, aunque, de hecho, hace tan sólo unos años lo mismo se decía de otros pescados. La carne firme del pez gato resulta ideal tanto marinada como asada. Para la elaboración de esta receta he empleado las mismas cantidades de caldo de carne y de pescado, aunque aquellas personas que no consuman carne pueden utilizar sólo caldo de pescado. El pez gato normalmente se comercializa sin piel. Es interesante que solicite a su pescadero que se lo corte en trozos de unos 80 g sin extraer la espina central.

1 En primer lugar, prepare la salsa. Para ello, derrita la mantequilla en una cacerola de fondo grueso y sofría las escalonias, el ajo y el tomillo hasta que adquieran una textura blanda, pero sin llegar a dorarse. Incorpore la harina y mezcle bien con una cuchara de madera; después, añada el tomate concentrado y mezcle bien. Vierta lentamente el vino tinto y, poco a poco, ambos caldos. Lleve a ebullición y cueza a fuego lento unos 30 minutos.

2 Mientras, caliente el aceite en una sartén de fondo grueso. Enharine los trozos de pescado, salpiméntelos y fríalos por tandas por todos sus lados hasta que estén dorados. Retírelos de la sartén y escúrralos sobre papel de cocina.

3 Limpie la sartén y saltee las setas en la mantequilla unos minutos hasta que se doren ligeramente; luego, escúrralas en un colador.

4 Incorpore el pescado y las setas en la salsa y cueza a fuego lento unos 10 minutos. La salsa debe espesarse; en caso contrario, vuelva a introducir el pescado en la salsa y rectifique la condimentación si fuese necesario.

5 Sirva con puré de patatas o arroz.

PARA 4 RACIONES

Aceite vegetal o de maíz para freír
1 kg de pez gato, cortado tal
 y como se indica
harina para enharinar
sal y pimienta blanca recién molida
150 g de setas silvestres
 o champiñones mini,
 en grandes trozos
una nuez generosa de mantequilla

para la salsa bordelesa
30 g de mantequilla
8 escalonias finamente picadas
1 diente de ajo picado
unas ramitas de tomillo (separar
 las hojas y picarlas)
2 cucharaditas de harina
1 cucharadita de tomate
 concentrado
125 ml de vino tinto
20 ml de caldo de buey (o
 $\frac{1}{2}$ pastilla de caldo de buey
 de calidad desleída en la misma
 cantidad de agua caliente)
250 ml de caldo de pescado
 (*véase* pág. 52) o $\frac{1}{2}$ pastilla de
 caldo de pescado de calidad,
 desleída en la misma
 cantidad de agua caliente

OTROS PESCADOS ADECUADOS: *anguila, cazón u otro pescado de carne firme*

Filete de lucio con salsa nantua

PARA 4 RACIONES

4 filetes de lucio sin espinas, cada
  uno de 160-180 g

sal y pimienta blanca recién molida

16-20 cangrejos de río

aceite de oliva para freír o asar

una nuez generosa de mantequilla
  (opcional)

salsa nantua (*véase* págs. 102-
  103); use sólo la mitad de la
  harina, para acompañar

¹/₂ cucharadita de estragón picado

La *quenelle de brochet nantua* constituye un plato de la cocina francesa clásica en el que los ingredientes principales, el lucio y los cangrejos de río, son de agua dulce. El lucio posee una anatomía inusual. No sólo tiene una línea de espinas a lo largo de la columna dorsal, sino que también posee otras dos franjas de espinas a ambos lados de la columna, por lo que resulta muy difícil extraer las espinas en crudo. Por esta razón, un gran número de recetas de lucio se elaboran a partir de una muselina.

Para preparar una mousse, le indicaré lo que me aconsejó Mauro Bregoli, quien regentó durante muchos años el brillante Manor House, en Romsey, en Hampshire. Es preferible comprar el lucio en filetes. Mauro sugiere que se debe cocer ligeramente al vapor, ya que de este modo las espinas sobresalen de la carne, por lo que resulta más fácil retirarlas.

1 Sazone los filetes de lucio y cuézalos al vapor unos 10 minutos. Si no dispone de una vaporera, caliente el horno a 190°C, extienda los filetes sobre una placa para asar en la que habrá vertido unos 2 cm de agua caliente, cúbralos con papel de aluminio y hornéelos durante 15 minutos. La cocción al vapor hace que la carne pierda un poco de volumen, lo que permite que las espinas sobresalgan y se puedan extraer con unas pinzas.

2 Cueza los cangrejos en agua con sal durante 5 minutos y sumérjalos en agua fría. Retire la carne de los caparazones y las pinzas, si éstas son grandes. Rompa los caparazones con un cuchillo pesado y utilícelos para preparar la salsa nantua.

3 Fría los filetes de lucio en aceite de oliva durante 2-3 minutos por cada lado, añada una nuez pequeña de mantequilla y prosiga la cocción hasta que estén ligeramente dorados, o bien caliente el horno a 200°C, añada dos cucharadas de aceite de oliva en una fuente para asar y hornéelos durante 10-12 minutos.

4 Mientras, reduzca la salsa; mézclela con el estragón, incorpore los cangrejos pelados y caliéntelos durante un minuto. Vierta la salsa sobre los filetes de pescado.

OTROS PESCADOS ADECUADOS: rémol, rodaballo u otro pescado de carne blanca y firme

Bogavante con mollejas al estragón

PARA 4 RACIONES

2 bogavantes cocidos, cada uno
   de 500 g (*véase* pág. 12)
500 ml de caldo de buey (o una
   pastilla de caldo de buey
   de calidad desleída en la misma
   cantidad de agua caliente)
3 escalonias picadas a grandes
   trozos
1 hoja de laurel
1 diente de ajo
400 g de mollejas de ternera
salsa de bogavante (*véase*
   pág. 131) preparada con los
   caparazones de los bogavantes
sal y pimienta negra recién molida
harina para enharinar
una nuez generosa de mantequilla
$^1/_2$ cucharadita de estragón picado

Se trata de una variante sofisticada de un plato muy popular en los restaurantes americanos denominado *surf and turf,* que auna la carne con el bogavante. El sabor sutil de las mollejas, acompañado del estragón, complementa a la perfección el bogavante. Para la elaboración de este plato se utiliza una salsa básica de marisco que se prepara de manera similar a la salsa nantua (*véase* págs. 102-103), aunque se utiliza caldo de carne en vez de pescado.

1 Retire las pinzas de los bogavantes, rompa los caparazones y resérvelos junto a la carne. Separe la cola de la cabeza y, con la ayuda de un cuchillo afilado, pártala por la mitad a lo largo.

2 Lleve a ebullición el caldo de buey en una cacerola junto con las escalonias, la hoja de laurel y el ajo. Incorpore las mollejas, lleve de nuevo a ebullición, baje el fuego y cueza a fuego lento unos 10 minutos. Retire las mollejas con una espumadera y déjelas enfriar en un plato. Reserve el caldo de cocción para la salsa.

3 Utilice los caparazones y la cabeza de los bogavantes para preparar la salsa nantua (*véase* págs. 102-103), sustituyendo parte del caldo de pescado por el caldo de cocción de las mollejas.

4 Elimine la grasa de las mollejas y córtelas en trozos de 2 cm de grosor. Salpiméntelas y enharínelas ligeramente. Fríalas en un poco de mantequilla a fuego medio durante unos 2 minutos por cada lado hasta que estén doradas y escúrralas sobre papel de cocina.

5 Lleve a ebullición la salsa; añada los bogavantes, las mollejas y el estragón y cueza a fuego lento durante 3-4 minutos. Acompañe con arroz salvaje hervido, verduras o patatas hervidas.

OTROS PESCADOS ADECUADOS: cangrejos de río, cigalas, gambas, langosta

Vieiras Thermidor

Las vieiras, con su textura firme y su sabor dulce, permiten diferentes modos de cocción. Pida a su pescadero que le facilite algunas algas y colóquelas bajo las conchas de las vieiras para evitar que se muevan en el plato.

1 Para preparar salsa, vierta el vino y las escalonias en una cacerola, lleve a ebullición y cueza a fuego lento hasta que casi todo el vino se haya evaporado. Vierta el caldo de pescado y redúzcalo. Incorpore 300 ml de crema de leche espesa y la mostaza y reduzca hasta que la salsa adquiera el suficiente espesor. Añada los quesos rallados y mezcle hasta conseguir una salsa homogénea. Sazónela y déjela enfriar.

2 Bata el resto de la crema de leche hasta que forme picos blandos y mézclala con la salsa fría junto con el estragón y la yema de huevo.

3 Caliente el aceite de oliva en una cacerola, incorpore las espinacas y salpiméntelas. Cueza a fuego fuerte durante un par de minutos y vaya removiendo de vez en cuando hasta que las espinacas hayan adquirido una textura blanda. Páselas por un colador y déjelas escurrir. Haga presión con una cuchara para extraer el exceso de líquido.

4 Encienda el grill a la temperatura máxima y caliente una nuez de mantequilla en una sartén antiadherente hasta que forme burbujas. Salpimente las vieiras y fríalas durante 30-40 segundos por cada lado sin dejarlas dorar demasiado; luego, escúrralas sobre papel de cocina.

5 Reparta las espinacas entre las valvas de las vieiras y coloque encima una vieira. Vierta la salsa y gratine durante 3-4 minutos hasta que se doren. Sírvalas rápidamente.

PARA 4 RACIONES
COMO ENTRANTE
1 cucharada de aceite de oliva
200 g de hojas de espinacas
una nuez generosa de mantequilla
12 vieiras medianas limpias
  (reservar las valvas)

para la salsa Thermidor
4 escalonias finamente picadas
100 ml de vino blanco
200 ml de caldo de pescado
  (*véase* pág. 52) o $1/2$ pastilla de
  caldo de pescado de calidad,
  desleída en la misma
  cantidad de agua caliente
350 ml de crema de leche espesa
2 cucharaditas de mostaza inglesa
40 g de queso cheddar o gruyère
  rallado
20 g de queso parmesano
  acabado de rallar
sal y pimienta blanca recién molida
1 cucharada de estragón picado
1 yema de huevo

OTROS PESCADOS ADECUADOS: cualquier marisco

Langostinos y espárragos en tempura

En algunas ocasiones, me apetece muchísimo una tempura, de modo que no me quedo satisfecho hasta que no la como. Sin embargo, cuando la tengo, a media ración termino por dejarla en el plato. Como la mayoría de las cosas, si utiliza ingredientes interesantes, éstos excitan el paladar. Esta salsa, que se elabora en el restaurante londinense Nobu, cumple con este cometido.

1 Para preparar la salsa, bata las yemas de huevo en un cuenco junto con la sal y la pimienta. Vaya incorporando el vinagre de arroz y el aceite hasta que la salsa se espese. Mezcle la salsa de chile dulce con el ajo.

2 Escalde los espárragos en agua hirviendo con sal durante 2 minutos, refrésquelos con agua fría, escúrralos y séquelos.

3 Caliente el aceite para freír a 160-180°C en la freidora. Sostenga los langostinos por las colas, sumérjalos en la masa y luego en el aceite, y fríalos por tandas de 5-6 piezas durante 2-3 minutos o hasta que estén crujientes, pero sin que lleguen a dorarse. Para ello, debe darles la vuelta a menudo. Retírelos con una espumadera, escúrralos sobre papel de cocina y consérvelos calientes. Prepare los espárragos de la misma forma.

4 Sirva los langostinos y los espárragos acompañados de la salsa repartida en cuencos pequeños individuales.

PARA 4 RACIONES
COMO ENTRANTE
16 yemas de espárragos
   medianos, cortados en trozos
   de 8-10 cm de longitud
aceite vegetal o de maíz para freír
8 langostinos tigre medianos o
   grandes, pelados, con las colas
   y sin los intestinos
masa de tempura (*véase* pág. 83)

para la salsa
2 yemas de huevo
una pizca generosa de sal
pimienta blanca recién molida
2 cucharaditas de vinagre de arroz
200 ml de aceite vegetal
1 cucharada (o más, al gusto)
   de salsa de chile dulce al ajo
   o salsa de chile dulce mezclada
   con un diente de ajo picado

OTROS PESCADOS ADECUADOS: cualquier crustáceo o pescados de carne firme

Navajas al vapor con chorizo y habas

Ilustrado en la página anterior

PARA 4 RACIONES

1 kg de navajas vivas

$^1/_2$ vaso de vino blanco seco

unas ramitas de tomillo

3 dientes de ajo picados
  en grandes trozos

1 cucharadita de sal

1 cucharada de perejil picado
  (reservar los tallos)

250 g de habas

4 cucharadas de aceite de oliva

115 g de chorizo para cocinar,
  en rodajas del grosor
  de una moneda

60 g de mantequilla

pimienta

Degusté las navajas por primera vez en España. Estaban cocinadas de un modo muy simple, por lo que he descubierto que la simplicidad constituye la forma más adecuada de preparar estos moluscos de forma fálica. Es importante que utilice un chorizo tierno para cocinar para la elaboración de esta receta.

1 Mantenga las navajas en remojo durante 10 minutos y deseche aquellas que no se cierren al tacto. Introdúzcalas en una cacerola con el vino, el tomillo, el ajo, la sal y los tallos de perejil. Tape el recipiente y cueza a fuego fuerte durante unos minutos, removiendo de vez en cuando, hasta que todas las navajas se hayan abierto. Escúrralas en un colador y déjelas enfriar.

2 Caliente el horno a 150°C. Retire cuidadosamente las navajas de las valvas y resérvelas (deseche las navajas que no se hayan abierto). Corte a lo largo los intestinos y deséchelos. Corte cada navaja en 4 o 5 trozos, introdúzcalas de nuevo en las valvas y colóquelas en una placa de hornear. Manténgalas calientes en el horno a temperatura baja.

3 Mientras, cueza durante 3 minutos las habas en agua hirviendo con sal y escúrralas en un colador. Si son grandes, deberá pelarlas.

4 Caliente el aceite de oliva en una sartén y cueza el chorizo a fuego lento durante 1-2 minutos. Añada las habas, la mantequilla y el perejil picado y salpimente.

5 Sirva las navajas en platos calientes y esparza por encima la preparación con el chorizo.

OTROS PESCADOS ADECUADOS: almejas, sepias, mejillones, calamares

Ostras

Las ostras forman parte de la historia inglesa. Incluso los romanos apreciaban las ostras de Colchester o Camulodunum, nombre que recibió la capital de la Inglaterra romana. Se han hallado restos de ostras de Colchester en Roma durante las excavaciones arqueológicas. Sin embargo, gran parte de los ingleses actuales las miran con recelo, en ocasiones porque no saben cómo comerlas. Muy pocos saben abrirlas y degustar el sabor del mar o, como dirían los franceses, *le gout de la mer*. Aunque las ostras pueden consumirse en la actualidad durante todo el año, la temporada empieza preferentemente durante el mes de octubre. Cuando las aguas comienzan a estar frías, las ostras desprenden todas las larvas, motivo por el cual adquieren un aspecto lechoso y, hasta cierto punto, desagradable en la boca, que place a ciertas personas (aunque no a mí).

Abrir ostras Se trata de un proceso complicado si no lo ha realizado antes, aunque puede constituir una verdadera experiencia, por lo que debe estar preparado para recibir algunos cortes, ya que para adquirir cierta destreza deberá abrir algunas docenas de ostras.

Existen diferentes cuchillos de ostras en el mercado e incluso algunos utensilios que facilitan la tarea. Los principiantes deben inclinarse hacia un cuchillo de ostras provisto de una guarda o escudo (*ilustración 1, izquierda*) y, cuando hayan adquirido experiencia, utilizar uno sin guarda (*ilustración 1, derecha*).

Con esta operación, se trata de abrir la valva por la charnela con la punta del cuchillo y luego deslizarlo por el interior hasta seccionar el músculo situado en la parte plana de la valva para poder extraer la carne.

Antes de empezar, realice dos dobleces en un paño de cocina limpio. Coloque la ostra sobre el paño (para evitar los cortes) dispuesto sobre una superficie plana con la parte plana de la valva hacia arriba y el extremo puntiagudo de la misma hacia usted. Con la ostra hacia abajo, ayudándose del paño, y protegiéndose la mano con parte del mismo, introduzca la punta del cuchillo de ostras en la charnela y deslícelo suavemente a lo largo de la valva hasta que se abra. Para ello, necesitará ejercer presión (*ilustración 2*). Mantenga el cuchillo dentro de la valva y desplácelo un poco; luego muévalo a lo largo del perímetro de la valva plana hasta encontrar el músculo que une la ostra a la valva. Córtelo. Ahora sólo tiene que retirar la valva plana (*ilustración 3*) y cualquier resto que haya caído sobre la carne de la ostra. No deseche los jugos de la ostra (*ilustración 4*).

Puede separar la carne de la valva o bien dejar que sus invitados la extraigan. Yo prefiero la última opción. Sirva las ostras sobre un lecho de algas o hielo picado y acompáñelas con rodajas de limón y/o salsa tabasco (verde o roja) o vinagreta de escalonias.

Para elaborar una *vinagreta de escalonias* para que sirva de acompañamiento para 24 ostras, pique finamente 4 escalonias y mézclelas con 100 ml de vinagre de vino tinto de calidad (recomiendo un vinagre de cabernet sauvignon), y deje reposar durante 1 hora.

También puede preparar una *salsa americana*. Para ello, mezcle 3 cucharadas de ketchup con 2 cucharadas de raiforte recién rallado (puede utilizar el envasado, pero no compre la salsa de raiforte ya preparada) y agregue zumo de limón al gusto. Esta salsa también resulta excelente con almejas crudas o bogavante frío.

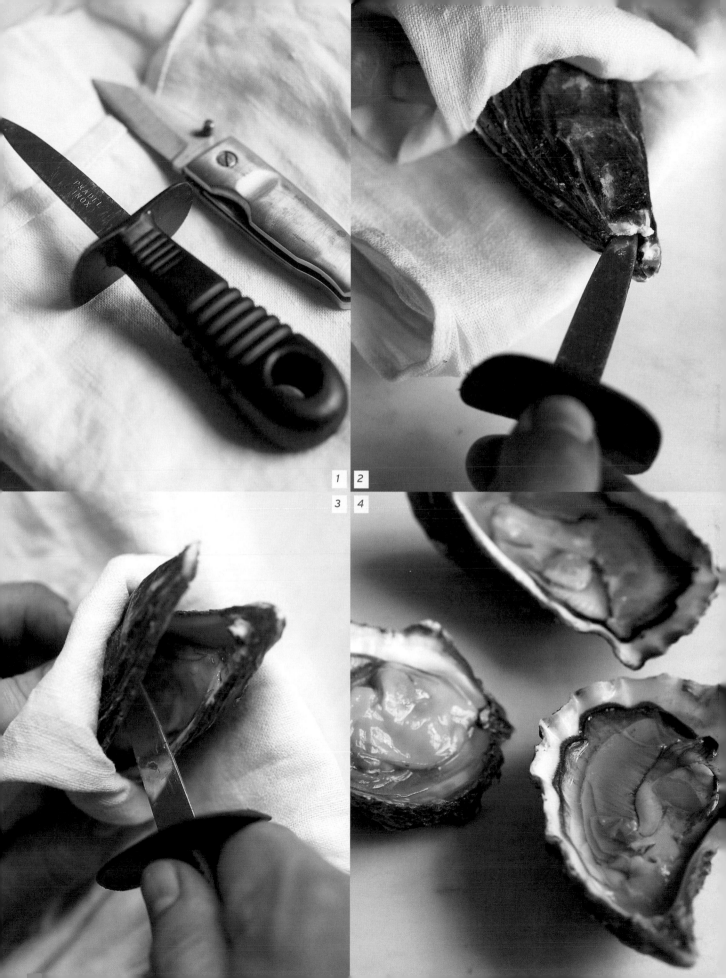

1 2
3 4

Ostras Rockefeller

PARA 4 RACIONES

150 g de espinacas

sal y pimienta blanca recién molida

2 lonchas de bacon entreverado, sin la corteza y finamente picado

una nuez generosa de mantequilla

2 escalonias picadas en grandes trozos

unas ramitas de eneldo o hinojo

unas ramitas de perifollo

unas ramitas de perejil

12 ostras grandes abiertas (reservar los jugos y las valvas)

200 ml de crema de leche espesa

1 cucharada de queso parmesano rallado

1 cucharada de Ricard o pastis

unas gotas de salsa tabasco

Según parece, este plato se creó o descubrió en el Antoine's Restaurant de Nueva Orleans. Siempre he sentido curiosidad por saber cuáles eran exactamente los ingredientes correctos, ya que varían dependiendo de las recetas. Naturalmente, las ostras son básicas, pero el beicon, el queso y el anís o un aguardiente a base de hinojo e incluso la absenta aparecen en diferentes variantes. Con las espinacas o verduras se puede hacer un puré o bien dejarse enteras. Una vez probé una recera en la que las espinacas se incorporaban a la salsa, que se vertía sobre las ostras dispuestas en sus valvas. En otra, no aparecían las valvas, pero sí las espinacas picadas, además de una salsa cremosa. Prefiero un puré de espinacas, ya que resulta mucho más sencillo y adecuado.

1 Caliente el horno a temperatura baja. Hierva las espinacas en agua con sal durante 3 minutos y escúrralas bien.

2 Fría el beicon en la mantequilla en una cacerola durante 2-3 minutos, pero sin dejarlo dorar. Retírelo con una espumadera y resérvelo.

3 Rehogue, en el mismo recipiente, las escalonias con las ramitas de eneldo o hinojo durante dos minutos sin dejarlas dorar e incorpore las espinacas escurridas, el perifollo, el perejil, los jugos de las ostras y la crema de leche. Sazone, tape y deje cocer a fuego lento durante 2 minutos. Remueva de vez en cuando.

4 Introduzca la preparación en la batidora hasta que adquiera una textura homogénea y viértala en una cacerola limpia. Lleve a ebullición y caliente las ostras en la salsa durante 1 minuto. Retírelas con una espumadera para que la salsa quede en la cacerola. Coloque las ostras en sus valvas y consérvelas en el horno a temperatura baja.

5 Mezcle la salsa con el parmesano, el beicon, el licor Ricard, el pastis o la absenta y el tabasco y lleve de nuevo a ebullición. La salsa debe adquirir una consistencia espesa; en caso contrario, manténgala en el fuego por debajo del punto de ebullición hasta que se haya espesado.

6 Para servir, vierta la salsa sobre las ostras. Acompañe las ostras con el licor que haya utilizado en la salsa.

OTROS PESCADOS ADECUADOS: almejas grandes o vieiras

Ostras fritas en cabello de ángel con mayonesa de «wasabi»

Degusté por primera vez este plato en el restaurante Nobu de Londres, y, más tarde, durante una visita a los productores del champaña Dom Perignon en compañía de otros cuatro chefs, incluido Mark Edwards, de Nobu. Nos invitaron un fin de semana con la condición de que cada uno cocinara un plato para la cena del sábado. Mark nos ofreció su memorable creación de ostras envueltas con pasta griega filo *(kadayif)* cortada en hilos finos, fritas y acompañadas con una mayonesa de *wasabi*. Quizás sea difícil disponer de la pasta. Si no puede conseguirla, puede utilizar fideos finos de arroz orientales remojados en agua caliente para adquirir flexibilidad.

1 Tenga a mano un trapo limpio ligeramente húmedo para cubrir la pasta mientras trabaja. Pase las ostras de una en una por la mezcla de harina y agua, déjelas escurrir y envuélvalas a continuación con tiras largas de la pasta. Colóquelas sobre una fuente.

2 Mezcle el *wasabi* con la mayonesa y reserve. Escurra las algas y mézclelas con el *mirin* o el sake y repártalas entre las valvas de las ostras.

3 Mientras, caliente unos 8 cm de aceite en una freidora o cacerola de fondo grueso a 160-180°C. Fría las ostras por tandas durante un minuto, aproximadamente, hasta que adquieran color y escúrralas sobre papel de cocina. Coloque una ostra en cada concha con ¹/₂ cucharadita de la mayonesa por encima y sirva rápidamente.

Variante Si lo prefiere, puede aliñar las ostras fritas con una mayonesa de guindilla. En este caso, debe sustituir el *wasabi* por una salsa de chile de calidad.

PARA 4 RACIONES

200-250 g de pasta griega
  kadayif (pasta filo cortada
  en hilos finos)
12 ostras jugosas (reservar
  las valvas)
2 cucharadas de harina
  mezcladas con agua fría
  para obtener una pasta
¹/₂ cucharada de *wasabi* recién
  rallado o ¹/₂ cucharada de
  wasabi preparado
2 cucharadas de mayonesa
  ya preparada de calidad
20 g de algas mixtas secas
  (*véase* pág. 121) rehidratadas
1 cucharada de *mirin* o sake
aceite vegetal o de maíz para freír

OTROS PESCADOS ADECUADOS: la mayoría de pescados

«*Risotto nero*»

PARA 4 RACIONES COMO ENTRANTE

1 cucharada de aceite de oliva virgen

200 g de arroz para *risotto*
   (carnaroli o de Calasparra)

25 g (3 sobres) de tinta de calamar

60 g de mantequilla

100 g de calamares limpios

1 cucharada de perejil picado

Mi primera experiencia con el arroz teñido con tinta de calamar tuvo lugar hace unos catorce años en España con un arroz negro. Aunque sabía de la existencia del *risotto nero* italiano, nunca lo había probado, ya que muy pocos restaurantes de Londres lo servían en aquella época. Entonces degusté una variante de un arroz grisáceo con un delicado sabor marino. En Londres, ya se comercializaban pequeños sobres de tinta de calamar importada, que se añadían al caldo para teñirlo de negro.

1 Para preparar el caldo, derrita la mantequilla en una cacerola grande y añada las hortalizas, el laurel, los granos de pimienta, el hinojo, el tomillo y el ajo. Tape y cueza a fuego lento durante 5 minutos. Vaya removiendo de vez en cuando hasta que las hortalizas adquieran una textura blanda.

2 Añada las espinas, la tinta de calamar, el vino blanco y el agua suficiente para cubrirlos. Lleve a ebullición, retire las impurezas con una espumadera y cueza a fuego lento durante 40-50 minutos. Cuele el caldo. Debe tener un sabor fuerte. Consérvelo caliente hasta que prepare el *risotto*.

3 Para preparar el *risotto*, caliente el aceite de oliva en una cacerola de fondo grueso, incorpore el arroz y no deje de remover a fuego lento durante un par de minutos sin dejarlo dorar. Incorpore la tinta de calamar, mezcle bien y vierta poco a poco el caldo caliente para asegurarse de que todo el líquido se ha absorbido antes de añadir más.

4 Cuando el arroz esté tierno, incorpore la mitad de la mantequilla y un poco más de caldo, si fuera necesario. Debe quedar jugoso y no demasiado caldoso.

5 Corte el calamar en dados de 1 cm y fríalo en el resto de la mantequilla durante 1-2 minutos. Sazónelo y déle vueltas con frecuencia. Espárzalo sobre el *risotto*, junto con el perejil, y sírvalo.

Variante Puede preparar el *risotto* con la tinta pero sin la guarnición de calamar, tal y como se sirve a menudo en España e Italia. Asimismo, puede utilizar la receta básica sin la tinta de calamar para preparar toda clase de *risotti*. Yo siento predilección por los de cigalas e hinojo marino. Cueza 1 kg de cigalas o langostinos crudos grandes en agua hirviendo con sal durante 2 minutos. Escúrralos y déjelos enfriar, luego retire las cabezas y pélelos. Conserve la carne en el frigorífico hasta el momento de servir y utilice los caparazones para el caldo en vez de las espinas de pescado. Para que el caldo adquiera color, añada unas hebras de azafrán y 1 cucharada de tomate concentrado. Incorpore 100 g de hinojo marino limpio y 1 cucharada de crema de leche espesa al finalizar la cocción del arroz, junto con las colas de cigalas o langostinos.

para la salsa
una nuez generosa de mantequilla
1 cebolla picada en grandes trozos
1 puerro picado en grandes trozos
1 hoja de laurel
10 granos de pimienta negra
½ cucharadita de semillas de hinojo
una ramita de tomillo
2 dientes de ajo picados
1 kg de espinas de pescado, lavadas y picadas
20 g de tinta de calamar (2-3 sobres)
½ vaso de vino blanco

OTROS PESCADOS ADECUADOS: sepias

Cangrejos blandos fritos con ensalada de cilantro y zanahoria

PARA 4 RACIONES

4 cangrejos de caparazón blando,
    cada uno de 50 g, o más
    grandes si lo desea
aceite vegetal o de maíz para freír

para la masa

1 yema de huevo
200 ml de agua helada
50 g de harina
50 g de fécula de patata

para la ensalada de zanahoria y cilantro

6 zanahorias medianas, peladas
    y en tiras finas
4 cebollas tiernas troceadas
    en diagonal
2 cucharaditas de salsa de chile
    dulce
2 cucharadas de cilantro picado
sal y pimienta negra recién molida

Los cangrejos de caparazón blando no son más que cangrejos que han mudado su caparazón para crecer, por lo que el nuevo caparazón que va desarrollándose es lo suficientemente blando como para poder comerse. En una ocasión, mi pescadero me ofreció bogavantes que habían mudado de caparazón y que freí de la misma forma que estos cangrejos. Quedaron deliciosos. Si no puede conseguir cangrejos de caparazón blando, quizás pueda encontrarlos congelados en establecimientos especializados en productos orientales.

1 Para preparar la masa, mezcle todos los ingredientes.

2 Corte los cangrejos en cuatro trozos y séquelos con papel de cocina. Mientras, caliente unos 8 cm de aceite a 160-180°C.

3 Prepare la ensalada con las zanahorias, las cebollas tiernas, la salsa de chile, el vinagre y el cilantro y salpimente. Reserve.

4 Pase los trozos de cangrejo por la masa y fríalos por tandas en el aceite durante 2-3 minutos hasta que estén crujientes. Escúrralos en papel de cocina.

5 Ponga un poco de ensalada de zanahoria en los platos, coloque encima los cangrejos fritos y sirva rápidamente.

Índice

A

Abadejo
Filete de abadejo con hinojo marino y berberechos, 113
Filete de abadejo con salsa de perejil, 28
Abrir gambas y langostinos por la mitad, 12
Abrir ostras, 150
Alcaparras
Raya a la mantequilla negra con alcaparras, 27
Algas
«Sashimi» de vieiras con ensalada de algas, 121
Aliño oriental, 62
Aliños, 62
Alioli, 50
Mariscos asados con alioli, 126
Almejas,
Espaguetis con almejas, 61
Anchoas
Ensalada de remolacha con anchoas, 26
Anguilas en salsa verde, 91
Angulas, 64
Arenques
Arenques con col alsaciana, 106
Ensalada de arenques, 90
Huevas de arenque sobre tostadas, 65
Arroz
«Kedgeree», 77
Paella, 100
«Risotto nero», 154
Asar a la barbacoa, 31
Asar a la parrilla, 29
Asar al grill, 29
Asar y hornear pescados, 118
Atún soasado con ensalada de virutas de hinojo, 75

B

Bacalao
Brandada de bacalao, 79
Cocochas de bacalao, 15
Berberechos
Filete de abadejo con hinojo marino y berberechos, 113
«Bisque» de crustáceos, 40
Bogavante
Bogavante con mollejas al estragón, 142
Cóctel de espárragos y bogavante, 57
Filete de lubina con puré de bogavante, 131
Brandada de bacalao, 79

C

Caballa soasada con hojas chinas salteadas, 105
Cabello de ángel
Ostras fritas en cabello de ángel con mayonesa de «wasabi», 153
Cabezas de pescado, 15
Calamares a la parrilla con garbanzos y panceta, 37
Cangrejos blandos fritos con ensalada de cilantro y zanahoria, 156
Cangrejos de río
Filete de lucio con salsa nantua, 140
Pasteles de pollo y cangrejos de río, 102
Centollo especiado horneado, 94
Cerdo
Pargo relleno de cerdo con salsa de jengibre, 133
Ceviche de pescado, 20
Chile
Salsa de chile, 31
Chorizo
Navajas al vapor con chorizo y habas, 148
Cigalas
Minestrone primavera con cigalas, 46
Cilantro
Ensalada de cilantro, 156

Cocer cigalas, 12
Cocer langostas y bogavantes, 12
Cocinar y preparar un buey de mar, 13
Coco
Sopa tailandesa de coco y pescado, 55
Cóctel de espárragos y bogavante, 57
Col
Arenques con col alsaciana, 106
Eglefino ahumado con huevos escalfados y puré de col y patata, 88
Conserva de gambas sobre tostadas, 58
Conservar el pescado, 8, 15
Cortar un pescado plano en filetes, 9
Cortar un pescado redondo en filetes, 9
Crustáceos
«Bisque» de crustáceos, 40
«Cullen skink», 52
Curry de pescado, 78
«Kedgeree», 77

E

Eglefino
«Cullen skink», 52
Eglefino ahumado con huevos escalfados y puré de col y patata, 88
Especial de eglefino, 84
«Kedgeree», 77
Empanar, 83
Ensalada
Atún soasado con ensalada de virutas de hinojo, 75
Cangrejos blandos fritos con ensalada de cilantro y zanahoria, 156
Ensalada de arenques, 90
Ensalada de marisco, 125
Ensalada de pulpo y patatas con hinojo marino, 60
Ensalada de remolacha con anchoas, 26
Ensalada de salmonetes e hinojo marino con vinagreta de tomate, 72
Ensalada nizarda, 74
Sardinas al grill con ensalada Essaouira, 107
«Sashimi» de vieiras con ensalada de algas, 121
Escalonias
Vinagreta de escalonias, 150
Espaguetis
Espaguetis con almejas, 61
Espaguetis con huevas de pardete, 23
Espárragos
Cóctel de espárragos y bogavante, 57
Langostinos y espárragos en tempura, 145
Especial de eglefino, 84
Estragón
Bogavante con mollejas al estragón, 142

F

Filete (s)
Filete de abadejo con hinojo marino y berberechos, 113
Filete de abadejo con salsa de perejil, 28
Filete de lubina con puré de bogavante, 131
Filete de lucio con salsa nantua, 140
Filete de solla belle menuière, 136
Filetes de pez de san Pedro con puerros mini, 112
Filetes de rape con hortalizas primaverales, 109
Filetes de trucha marina con senderuelas, 70
«Fritto misto di mare», 97
Fritura, 81

G

Gambas (*véase* también langostinos)
Conserva de gambas sobre tostadas, 58
Gambas piri piri, 34
«Gumbo» de gambas y quingombó, 42
Hamburguesas de langostinos, 96
Garbanzos

Calamares a la parrilla con garbanzos y panceta, 37
Gelatina
Gelatina clara de tomate con cangrejo, 49
Raya en gelatina de perejil, 66
«Gravadlax», 71
Guarniciones para sopas 50
«Gumbo» de gambas y quingombó, 42

H

Habas
Filetes de rape con hortalizas primaverales, 109
Navajas al vapor con chorizo y habas, 148
Hamburguesas de langostinos, 96
Hierbas
Salsa verde, 31
Hinojo
Atún soasado con ensalada de virutas de hinojo, 75
Hinojo marino
Ensalada de pulpo y patatas con hinojo marino, 60
Ensalada de salmonetes e hinojo marino con vinagreta de tomate, 72
Filete de abadejo con hinojo marino y berberechos, 113
Hojas chinas
Caballa soasada con hojas chinas salteadas, 105
Hornear en papillote, 118
Hortalizas
Filetes de rape con hortalizas primaverales, 109
Huevas de arenque sobre tostadas, 65
Ensalada de arenques, 90
Espaguetis con huevas de pardete, 23
Filete de solla belle menuière, 136
Huevo (s)
Eglefino ahumado con huevos escalfados y puré de col y patata, 88
Huevos reales, 129
Huevos revueltos con salmón ahumado, 17
«Kedgeree», 77
Rodaballo hervido con salsa de huevo, 138
Tortilla Arnold Bennett, 130

I

Incisiones, 118

J

Jengibre
Pargo relleno de cerdo con salsa de jengibre, 133
Judías negras
Vieiras y langostinos tigre al vapor con salsa de judías negras, 122

K

«Kedgeree», 77

L

Langostinos
Abrir langostinos por la mitad, 12
Fritto misto di mare», 97
Langostinos a la sal y a la pimienta, 120
Langostinos y espárragos en tempura, 145
Pastel de pescado, 99
Retirar los intestinos, 12
Vieiras y langostinos tigre al vapor con salsa de judías negras, 122
Lenguado al grill con salsa bearnesa, 33
Levada, masa 83
Lubina
Ceviche de pescado, 20
Filete de lubina con puré de bogavante, 131
Lubina a la sal, 114
Lucio
Filete de lucio con salsa nantua, 140

M

Mantequilla
Mantequilla de hierbas, 31
Raya a la mantequilla negra con alcaparras, 27

Marinada rápida y sencilla 31
Marinadas y acompañamientos 31
Marisco (s)
    Ensalada de marisco, 125
    Mariscos asados con alioli, 126
    Salsa americana para marisco, 150
Masa
    Masa de cerveza, 83
    Masa de tempura, 83
    Masa levada, 83
Mayonesa, 62
    Alioli, 50
    Ostras fritas en cabello de ángel con
        mayonesa de «wasabi», 153
    Salsa tártara, 83, 96
Mejillones, 14
    Mejillones a la marinera, 124
    «Mouclade», 39
    Paella, 100
    Pescado a la catalana, 47
Minestrone primavera con cigalas, 46
Mollejas
    Bogavante con mollejas al estragón, 142
Morcilla
    Vieiras con morcilla, rebozuelos y muselina
        de patatas, 93
«Mouclade», *39*

N
Nantua, salsa, 102-103
Navajas al vapor con chorizo y habas, 148

O
Ostras, 149-150
    Abrir ostras, 150
    Ostras fritas en cabello de ángel con
        mayonesa de «wasabi», 153
    Ostras Rockefeller, 152
    «Vichyssoise» con ostras, 41

P
Paella, 100
Pan
    Pan con tomate, 50
    Picatostes, 50
Panceta
    Calamares a la parrilla con garbanzos y
        panceta 37
Pardete
    Espaguetis con huevas de pardete, 23
Pargo relleno de cerdo con salsa de jengibre,
    133
Pastel (s)
    Pastel de pescado, 99
    Pasteles de pollo y cangrejos de río, 102
Pastelillos de pescado, 80
Patata (s)
    Brandada, 79
    Eglefino ahumado con huevos escalfados y
        puré de col y patata, 88
    Ensalada de pulpo y patatas con hinojo
        marino, 60
    Especial de eglefino, 84
    Filete de lubina con puré de bogavante, 131
    Pastelillos de pescado, 80
    Salmón ahumado en caliente con patatas al
        raiforte, 137
    «Vichyssoise» con ostras, 41
    Vieiras con morcilla, rebozuelos y muselina
        de patatas, 93
Pepinillos
    Salsa tártara, 83, 96
Perejil
    Filete de abadejo con salsa de perejil, 28
    Raya en gelatina de perejil, 66
Pescado (s)
    Ceviche de pescado, 20
    Curry de pescado, 78
    Pastel de pescado, 99
    Pastelillos de pescado, 80

Pescado a la catalana, 47
Pescado horneado a la tailandesa, 117
Sopa de pescado, 53
Sopa tailandesa de coco y pescado, 55
Tajín de pescado, 108
Varitas de pescado, 89
Pez de san Pedro
    Filetes de pez de san Pedro con puerros
        mini, 112
Pez gato a la bordelesa, 139
Picatostes, 50
Pimienta
    Langostinos a la sal y a la pimienta, 120
Pollo
    Pasteles de pollo y cangrejos de río, 102
Preparar almejas y berberechos, 14
Preparar el pescado, 8
Preparar mejillones, 14
Preparar ostras y pulpos, 15
Preparar sepias y calamares, 14
Preparar y cocer marisco, 9
Puerros
    Filetes de pez de san Pedro con puerros
        mini, 112
Pulpo
    Ensalada de pulpo y patatas con hinojo
        marino, 60
Puré
    Filete de lubina con puré de bogavante,
        131
    Puré de guisantes a la menta, 83

Q
Quingombó
    «Gumbo» de gambas y quingombó, 42

R
Raiforte
    Salmón ahumado en caliente con patatas
        al raiforte, 137
Rape
    Filetes de rape con hortalizas primaverales,
        109
    Pescado a la catalana, 47
    Sopa tailandesa de coco y pescado, 55
    Tajín de pescado, 108
Raya
    Raya a la mantequilla negra con alcaparras,
        27
    Raya en gelatina de perejil, 66
Rebozuelos
    Vieiras con morcilla, rebozuelos y muselina
        de patatas, 93
Rellenar pescado, 118
Remolacha
    Ensalada de remolacha con anchoas, 26
Retirar los intestinos de gambas y
    langostinos, 12
«Risotto nero», *154*
Rodaballo hervido con salsa de huevo, 138

S
Sal
    Langostinos a la sal y a la pimienta, 120
    Lubina a la sal, 114
Salmón (*véase* también salmón ahumado)
    «Gravadlax», 71
    «kedgeree», 77
    Pastel de pescado, 99
    Salmón tártaro, 22
Salmón ahumado
    Huevos reales, 129
    Huevos revueltos con salmón ahumado, 17
    Salmón ahumado en caliente con patatas al
        raiforte, 137
Salmonete
    Ensalada de salmonetes e hinojo marino
        con vinagreta de tomate, 72
Salsa
    Anguilas en salsa verde, 91

Filete de abadejo con salsa de perejil, 28
Lenguado al grill con salsa bearnesa, 33
Pargo relleno de cerdo con salsa de
    jengibre, 133
Rodaballo hervido con salsa de huevo, 138
Salsa americana para marisco, 150
Salsa de chile 31
Salsa de eneldo y mostaza, 71
Salsa de jengibre, 133
Salsa nantua, 102-103
Salsa para untar, 117
Salsa rápida en la sartén, 118
Salsa tártara, 83
Salsa verde, 31
Vieiras y langostinos tigre al vapor con
    salsa de judías negras, 122
Sardinas
    Sardinas al grill con ensalada Essaouira,
        107
«Sashimi», 18
    «Sashimi»de vieiras con ensalada de algas,
        121
Senderuelas
    Filetes de trucha marina con sendennuelas,
        70
Servir carne de buey en su caparazón, 13
Solla
    Filete de solla belle menuière, 136
Sopa
    «Bisque» de crustáceos, 40
    «Cullen skink», 52
    Gelatina clara de tomate con cangrejo, 40
    Guarniciones, 50
    «Gumbo» de gambas y quingombó, 42
    Minestrone primavera con cigalas, 46
    «Mouclade», 39
    Sopa de pescado, 53
    Sopa tailandesa de coco y pescado, 55
    «Vichyssoise» con ostras, 41

T
Tajín de pescado, 108
Tomate
    Ensalada de salmonetes e hinojo marino
        con vinagreta de tomate, 72
    Gelatina clara de tomate con cangrejo, 49
Tortilla Arnold Bennett, 130
Tostadas
    Conserva de gambas sobre tostadas, 58
    Huevas de arenque sobre tostadas, 65
Trucha marina
    Filetes de trucha con senderuelas, 70

U
Untar especias sobre el pescado, 118

V
Varitas de pescado, 89
«Vichyssoise» con ostras, 41
Vieiras
    «Sashimi» de vieiras con ensalada de algas,
        121
    Vieiras con morcilla, rebozuelos y muselina
        de patatas, 93
    Vieiras Thermidor, 143
    Vieiras y langostinos tigre al vapor con
        salsa de judías negras, 122
Vinagreta de escalonias, 150
    Ensalada de salmonetes e hinojo marino
        con vinagreta de tomate, 72

W
Wasabi
    Ostras fritas en cabello de ángel con
        mayonesa de «wasabi», 153

Z
Zanahoria
    Cangrejos blandos fritos con ensalada de
        cilantro y zanahoria, 156

Agradecimientos

El autor desea mostrar su agradecimiento a todos aquellos que han colaborado en el libro. Como siempre, la calidad del equipo elegido para trabajar está relacionada con el éxito, ya que, al igual que en la cocina, un libro se beneficia de los colaboradores y de los buenos ingredientes. Me gustaría dar las gracias a Vanesa Courtier por nuestras largas incursiones pesqueras en compañía de Jason Lowe, y a Lewis Esson por su trabajo en la edición. Estoy profundamente agradecido a Jane O´Shea por encargarme este libro. Gracias a Lee Bull por preparar y cortar en filetes todo aquello que había olvidado encargar. Gracias a Angela Boggiano por realizar con gran éxito mis funciones cuando no podía asistir a una reunión.

Debo agradecer a Les Ironman, de Southbank Seafoods, su trabajo como proveedores, y a Tony Brooth el hecho de encontrar hortalizas a última hora cuando la estación idónea estaba a punto de concluir y la cosecha se había estropeado debido a la climatología. Finalmente, gracias a Revol por su vajilla, facilitada por David Alexander, de Pages, de Shaftesbury Avenue.